Mit anderen Augen

Imke Braselmann

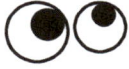

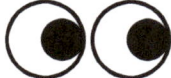

Wirf mal ein Auge drauf - Band 1

Ein Buch mit fantasievollen Bildern.

Mit anderen Augen

Wirf mal ein Auge drauf - Band 1

Weitere Informationen und Produkte unter:
www.MitAnderenAugen.eu

Weitere Bücher erhältlich unter www.amazon.de

Mit anderen Augen

Es gibt so viel zu sehen. Ihr müsst nur die Augen aufmachen und ganz genau hinschauen.

Überall in Flecken und Kratzern, auf Bäumen und Steinen, auf der Straße und im Wald findet man Dinge, die aussehen wie Gesichter und Tiere.

Dieses Phänomen nennt man Pareidolie. Nicht jeder Mensch kann diese Gestalten sehen. Aber mit ein paar Wackelaugen an der richtigen Stelle fällt es gleich viel leichter.

Probiert's mal aus. Seht die Welt mit anderen Augen!

„Wenn Ihr demnächst nach draußen geht,
werft mal ein Auge auf das, was Ihr seht!"

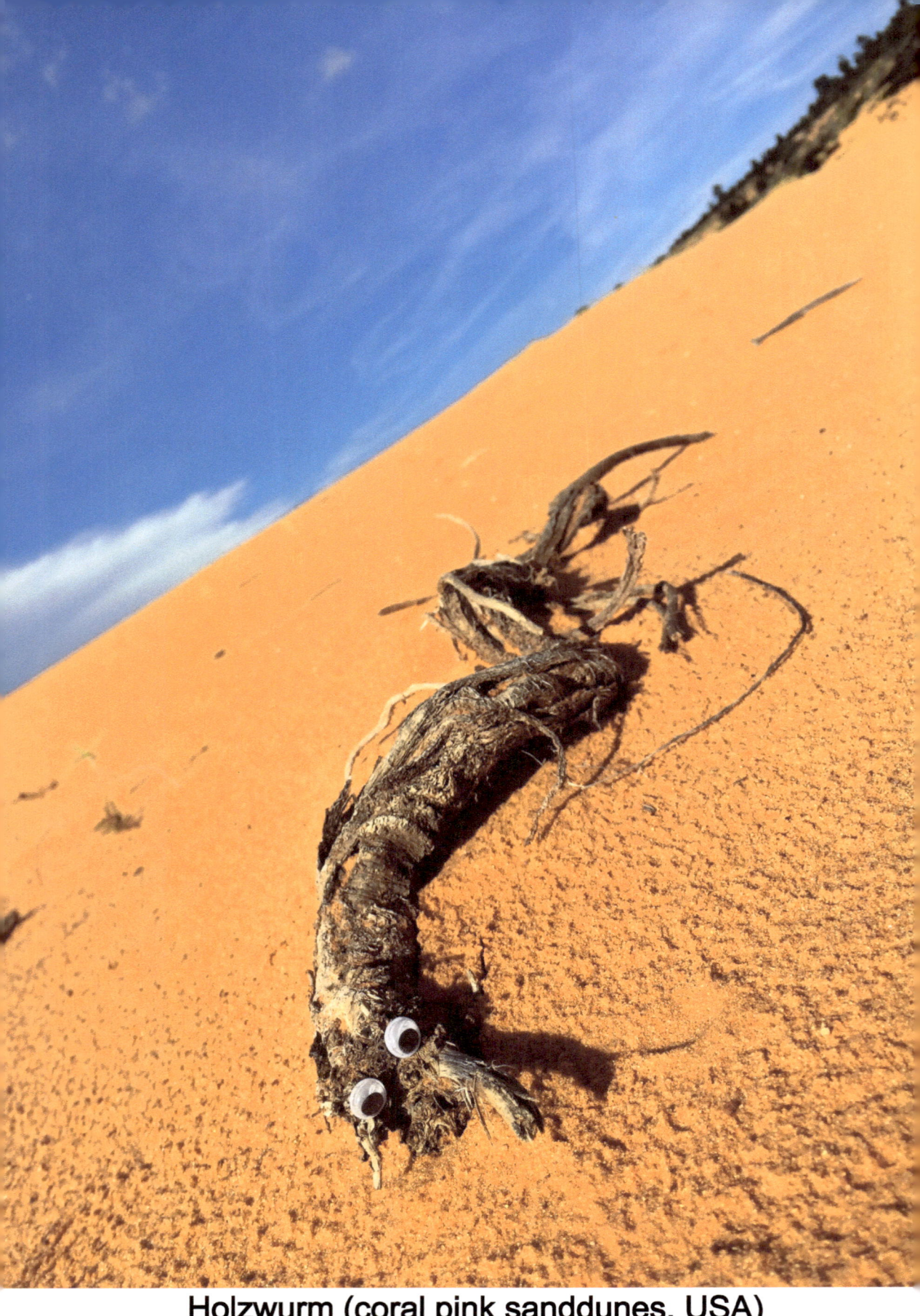

Holzwurm (coral pink sanddunes, USA)

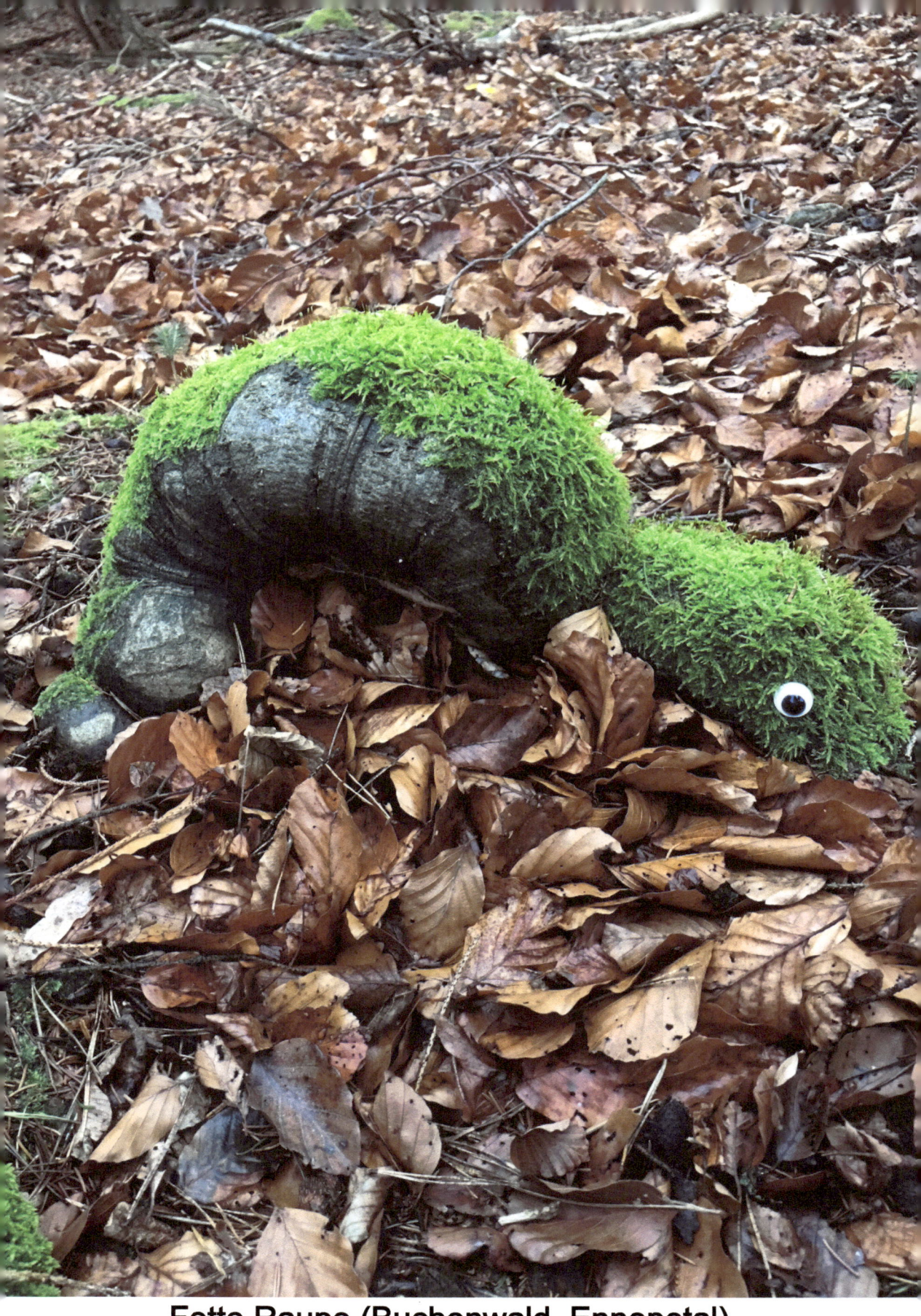

Fette Raupe (Buchenwald, Ennepetal)

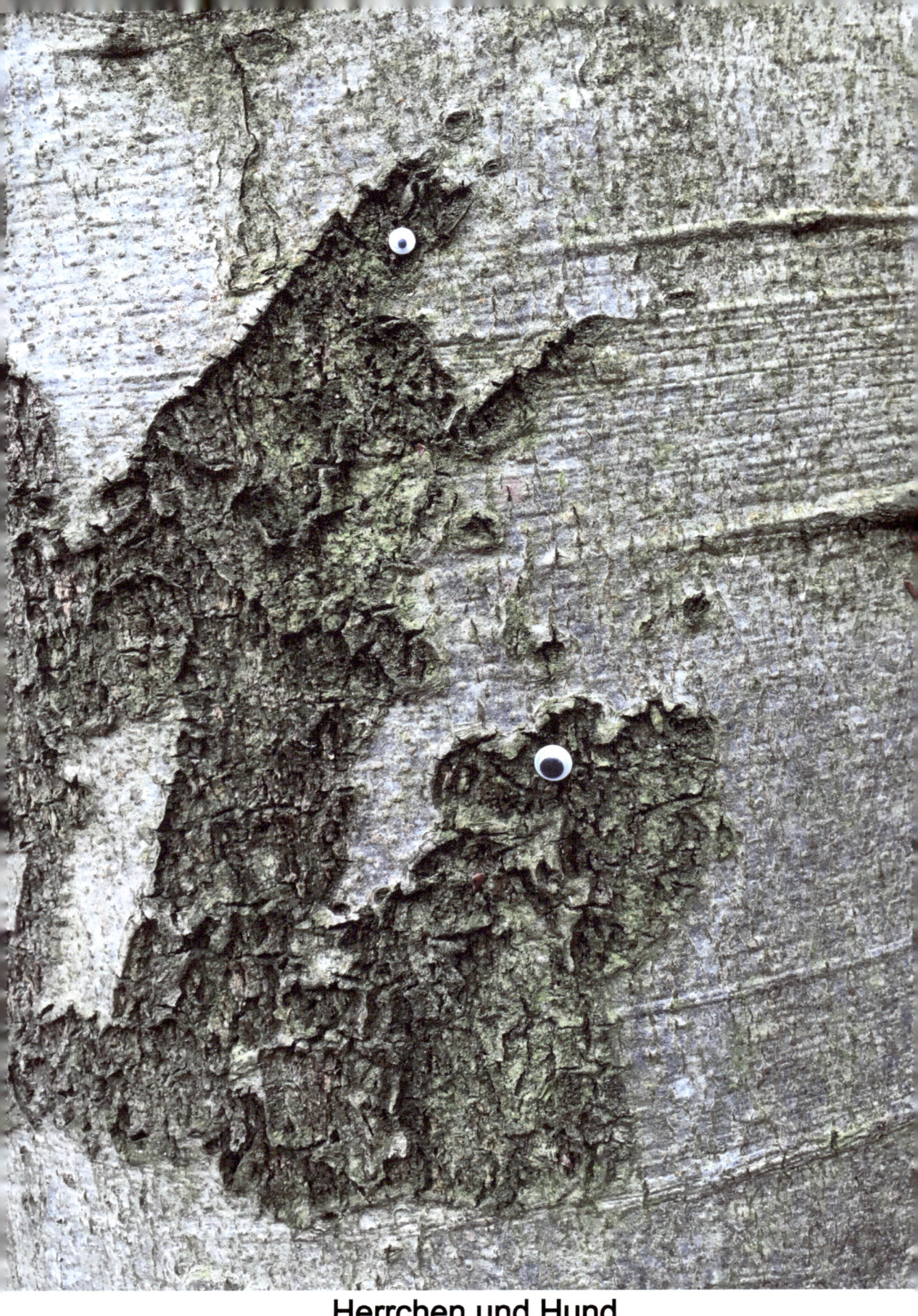

Herrchen und Hund

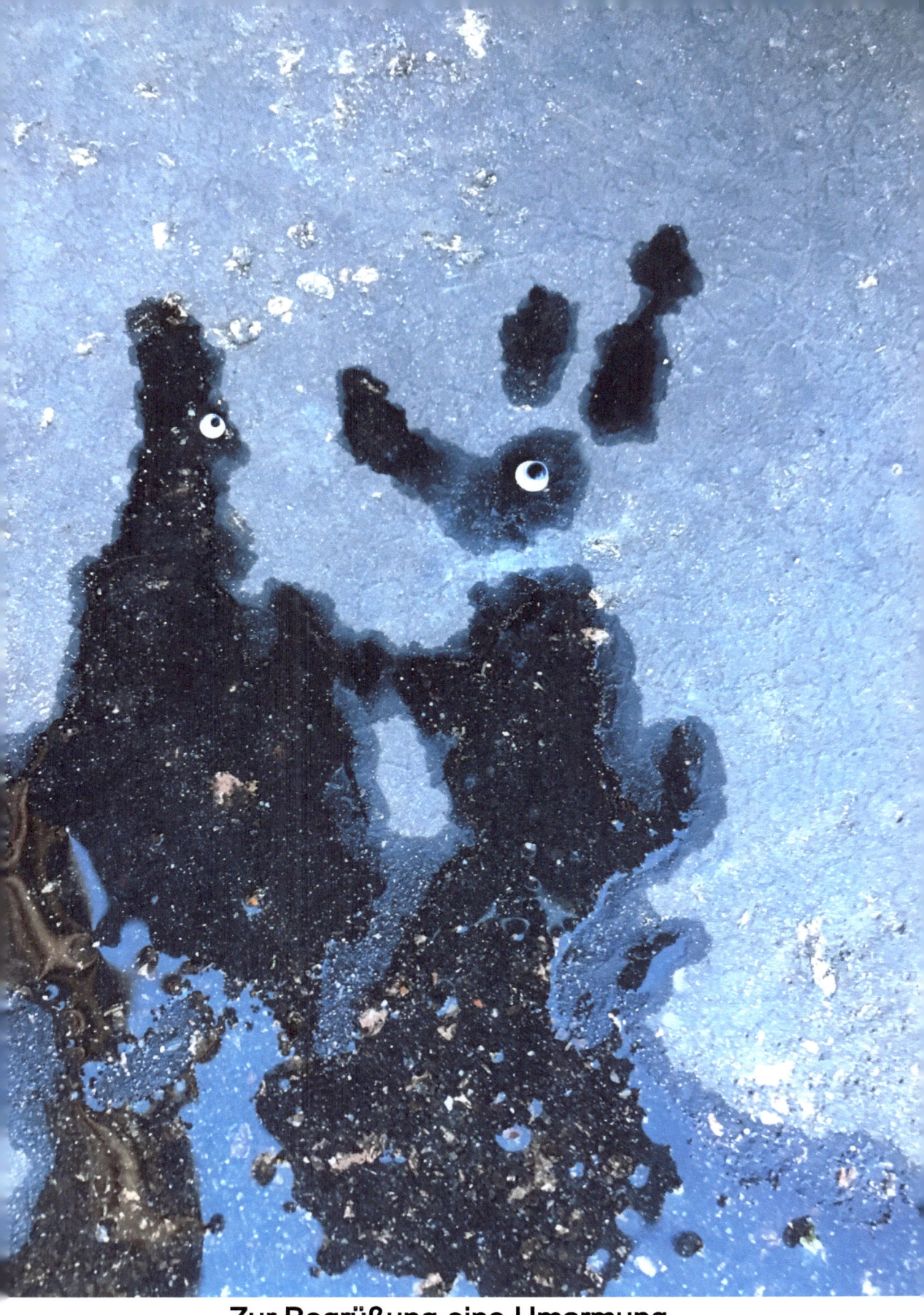

Zur Begrüßung eine Umarmung

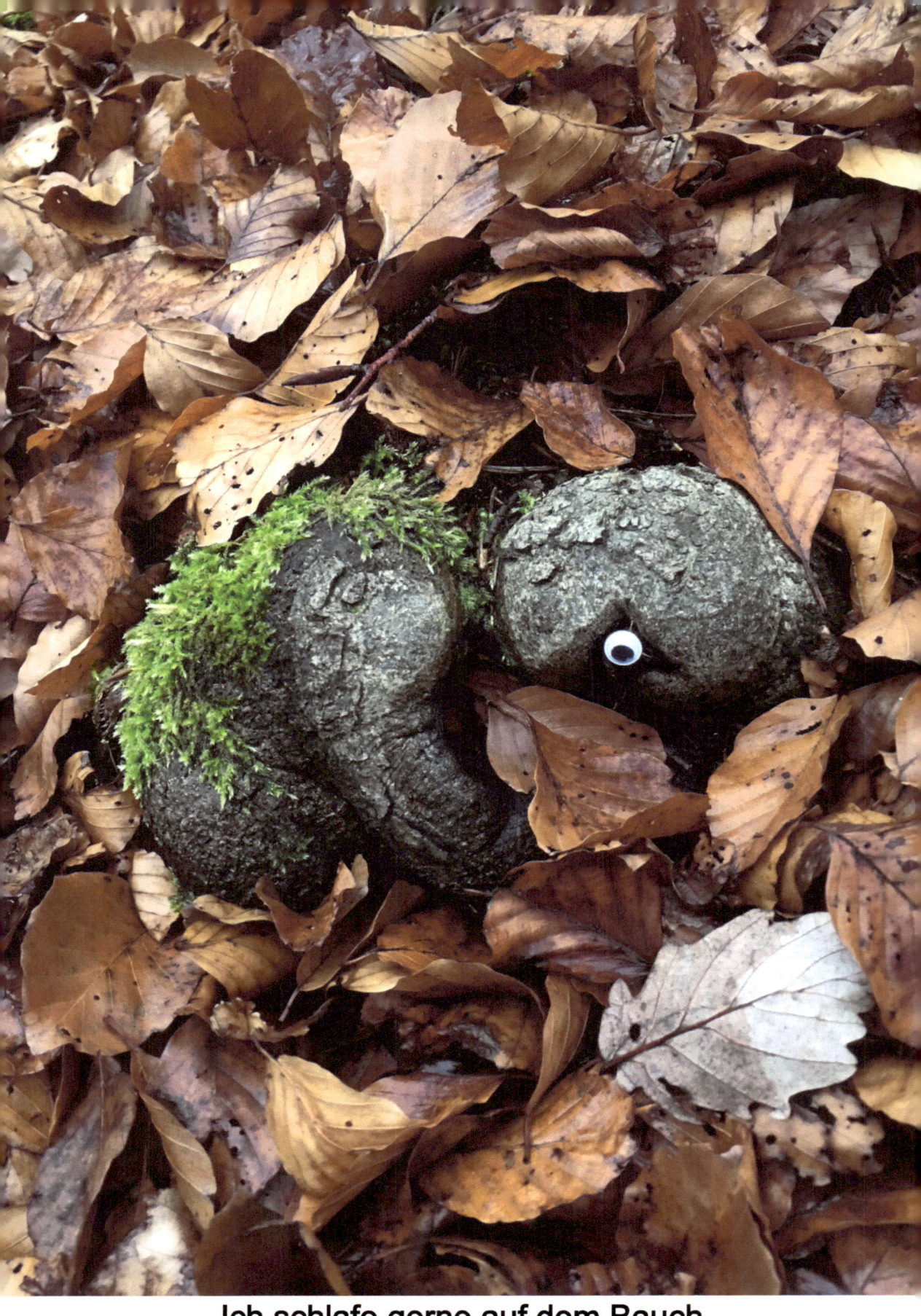

Ich schlafe gerne auf dem Bauch...

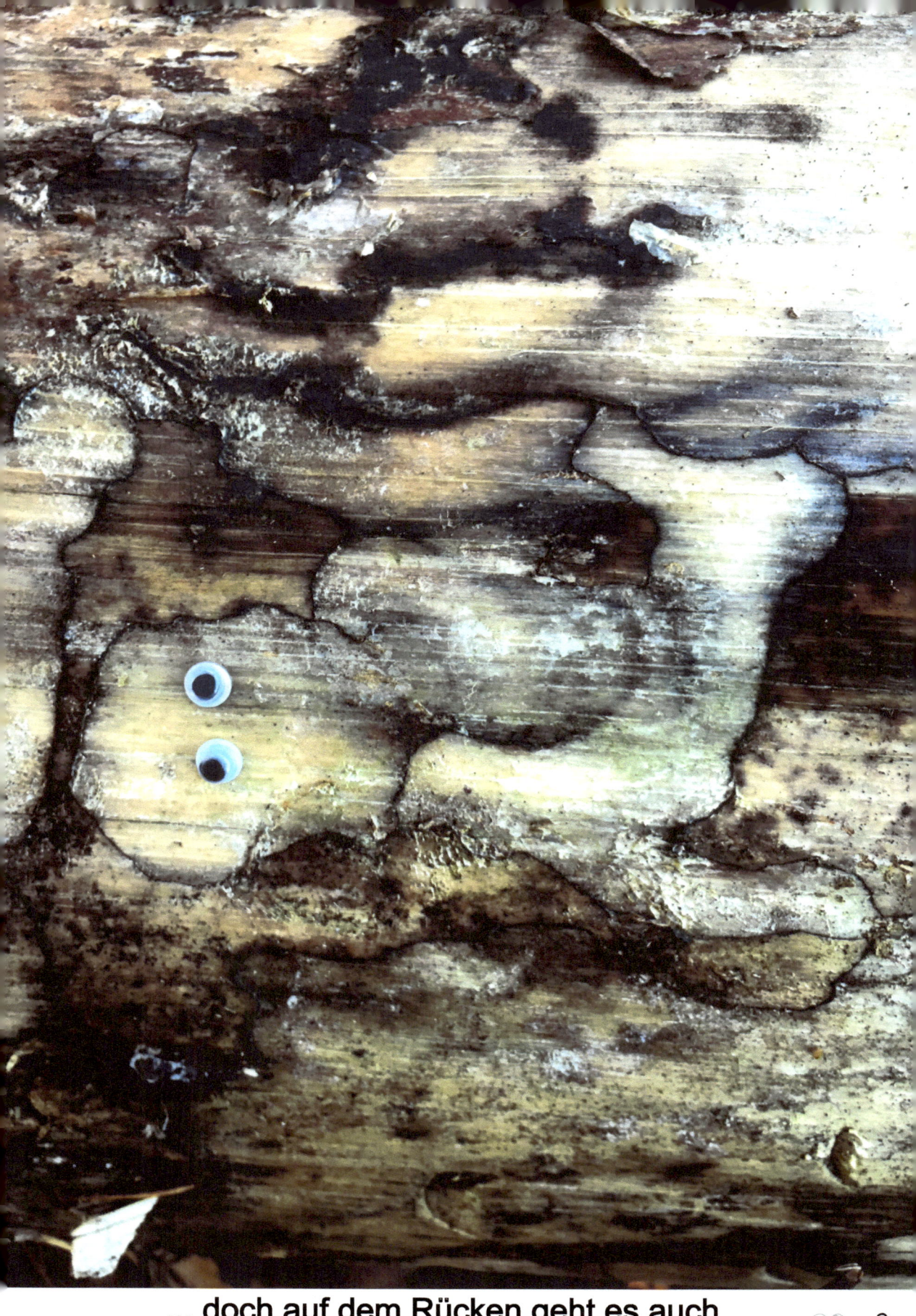

... doch auf dem Rücken geht es auch.

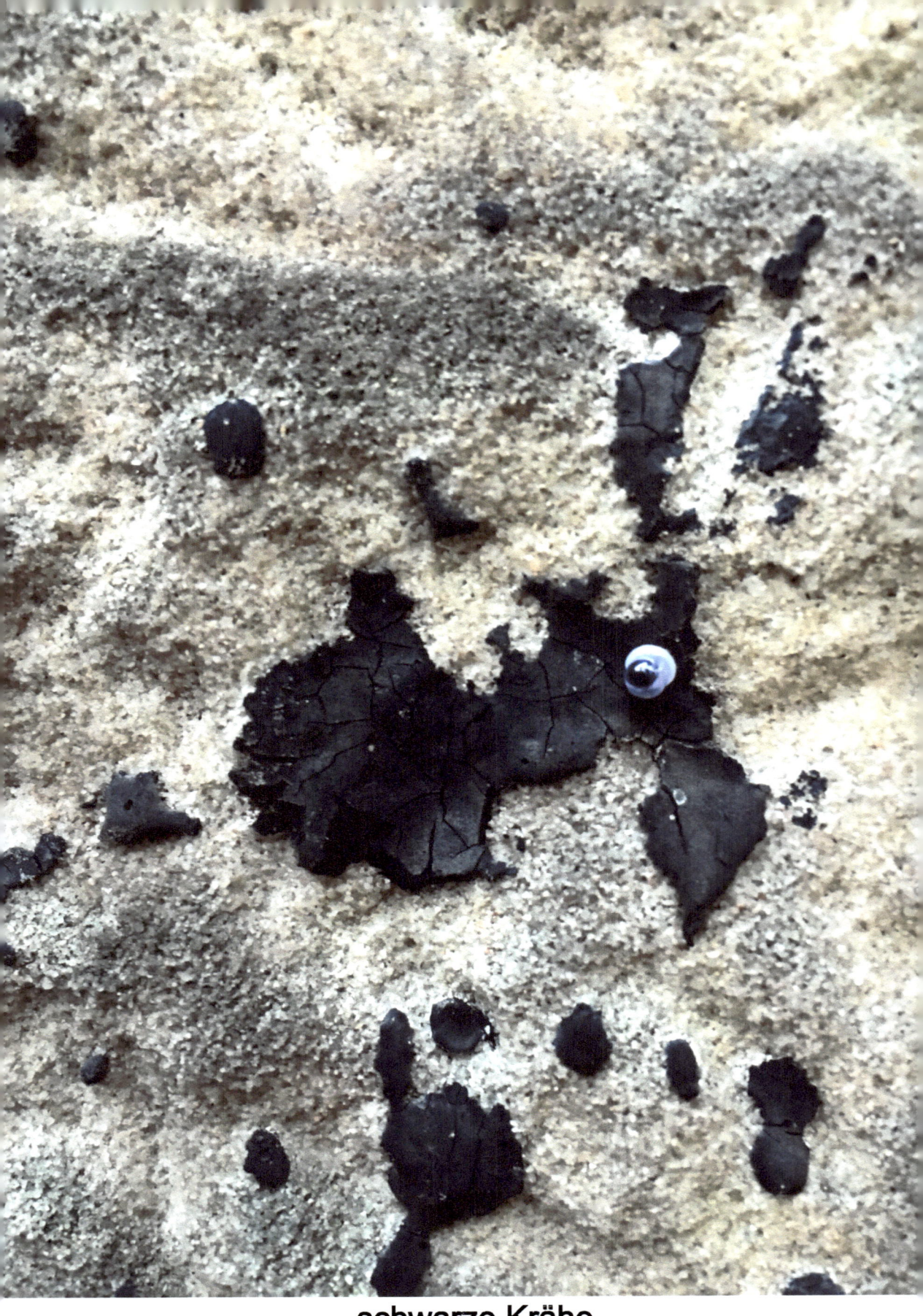

schwarze Krähe

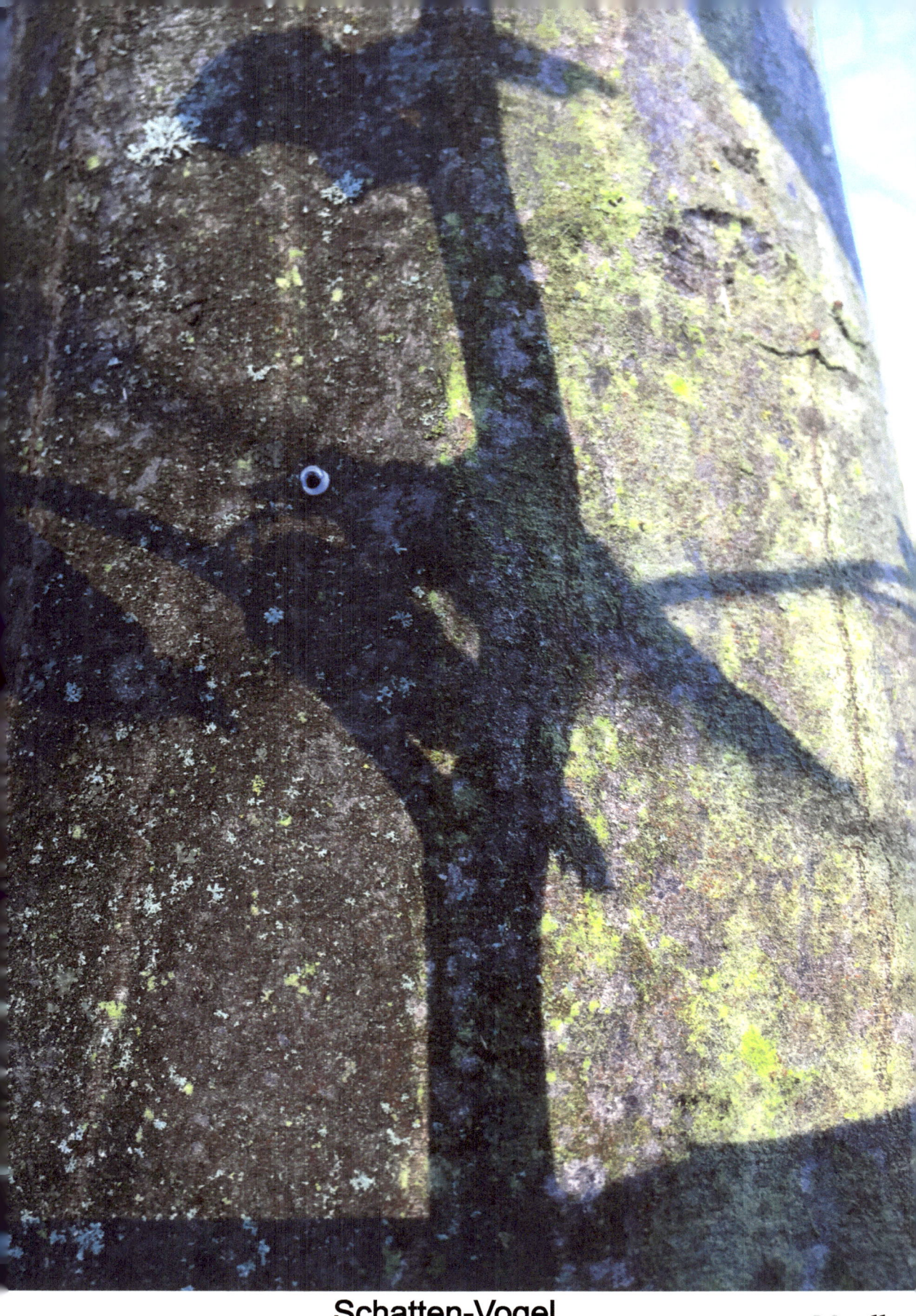

Schatten-Vogel

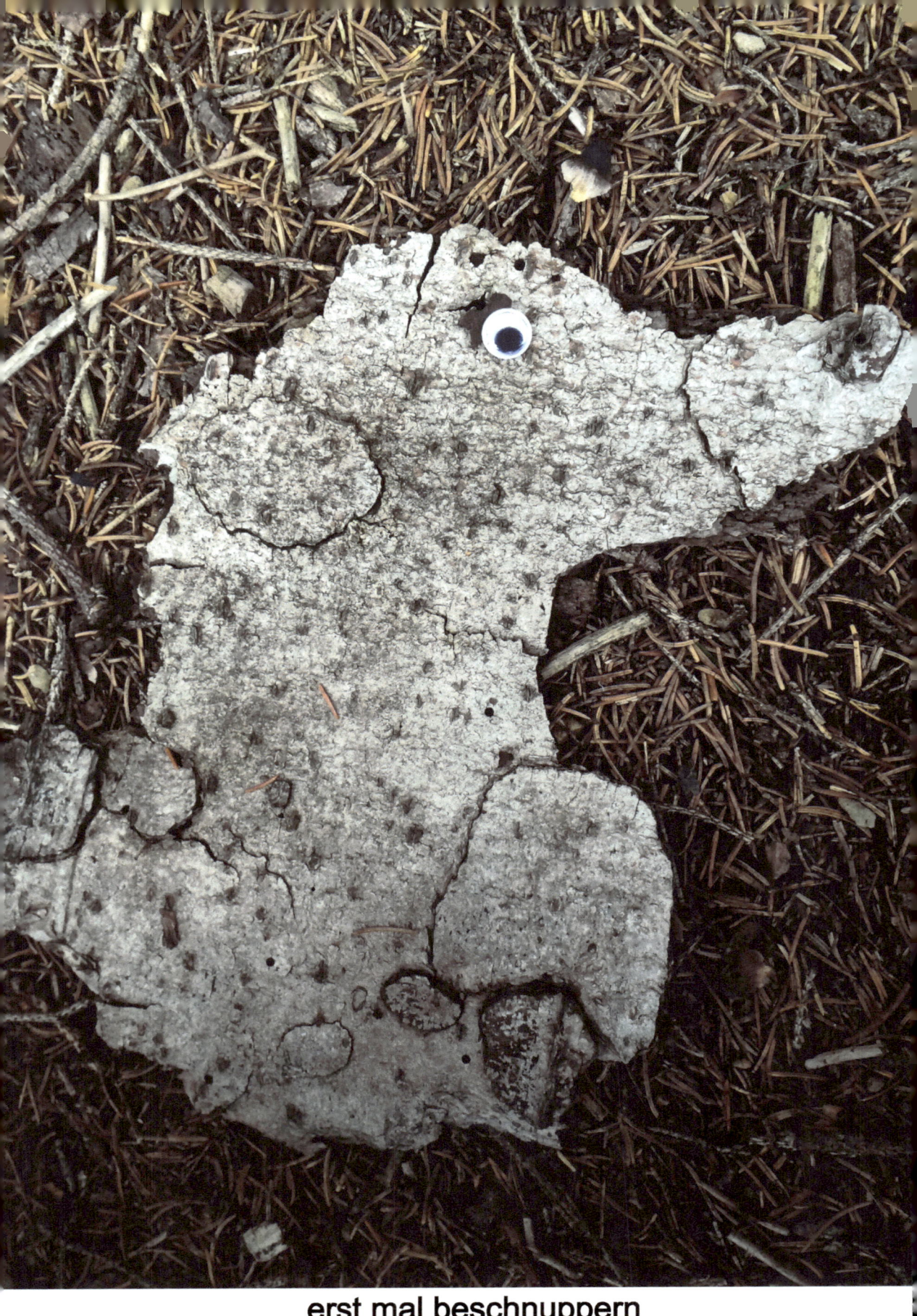

erst mal beschnuppern

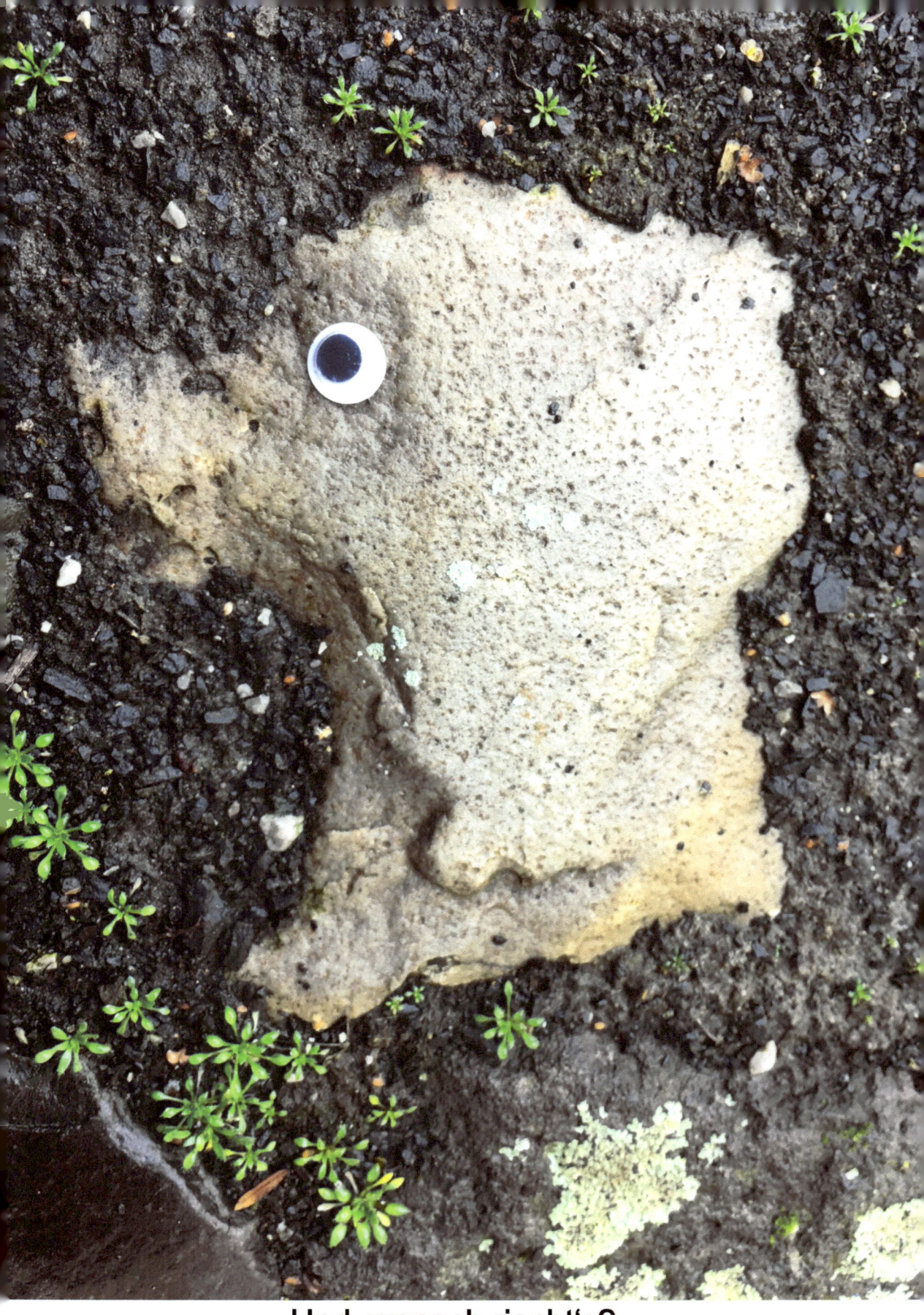

Und, wonach riecht's?

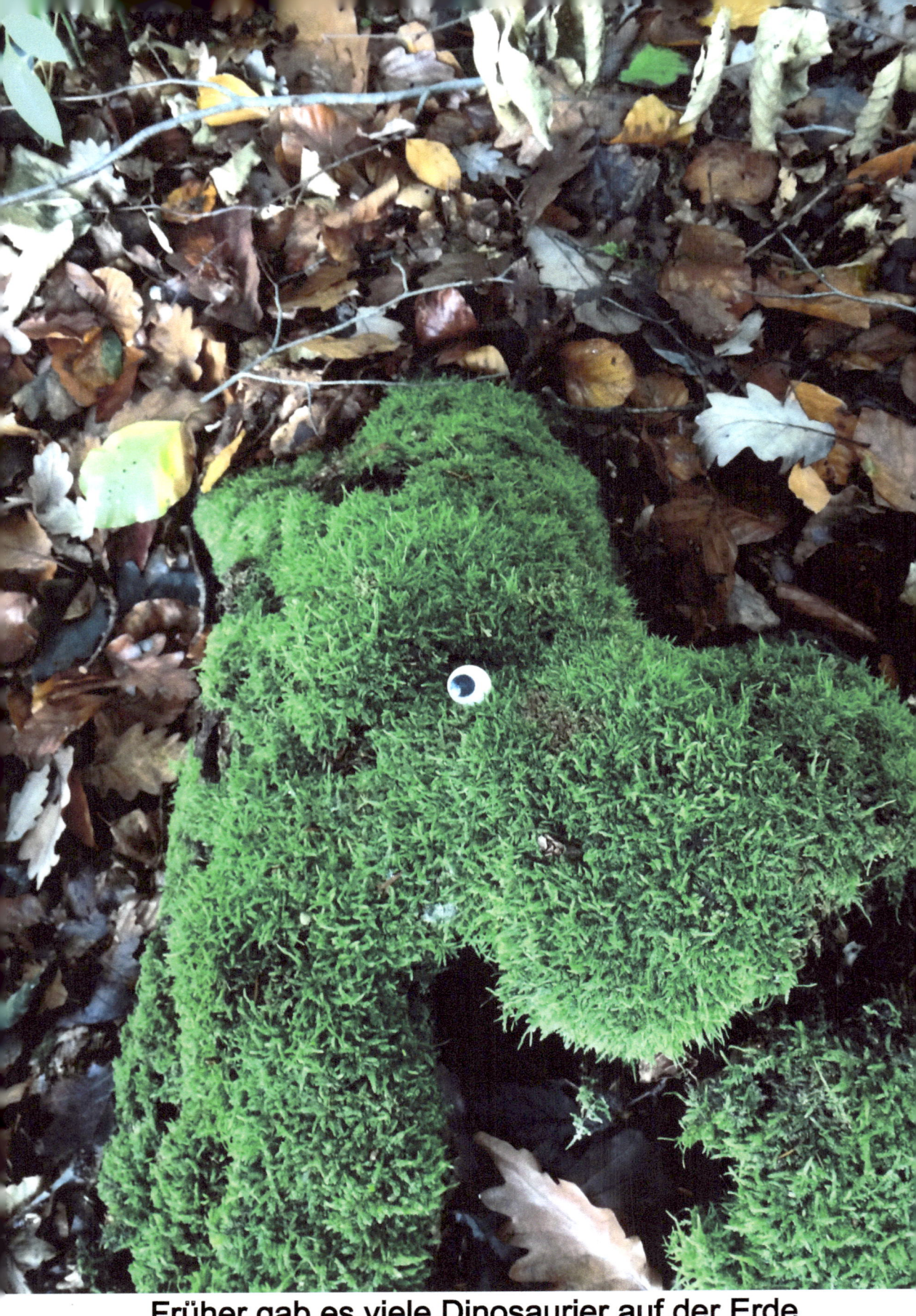

Früher gab es viele Dinosaurier auf der Erde

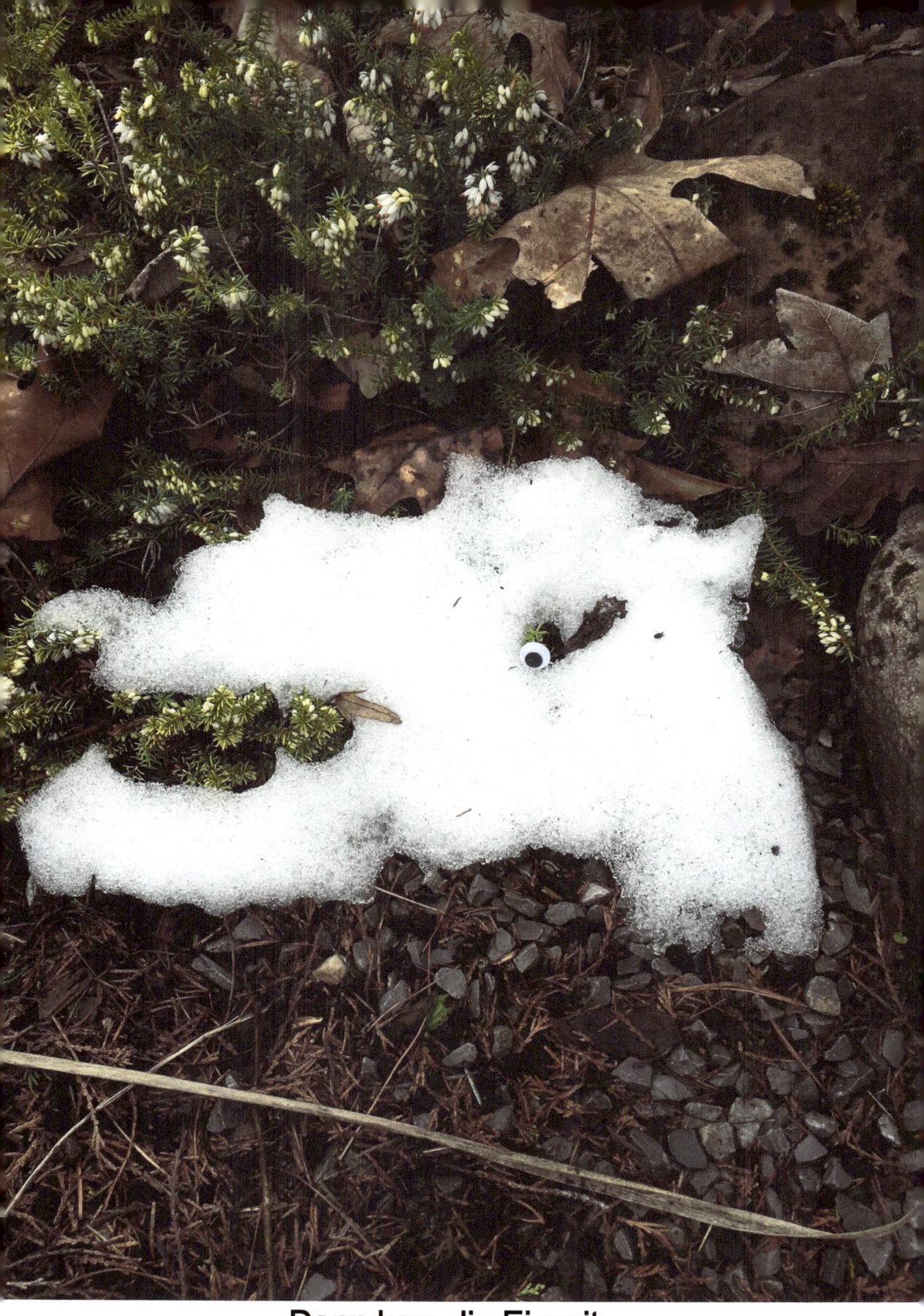

Dann kam die Eiszeit

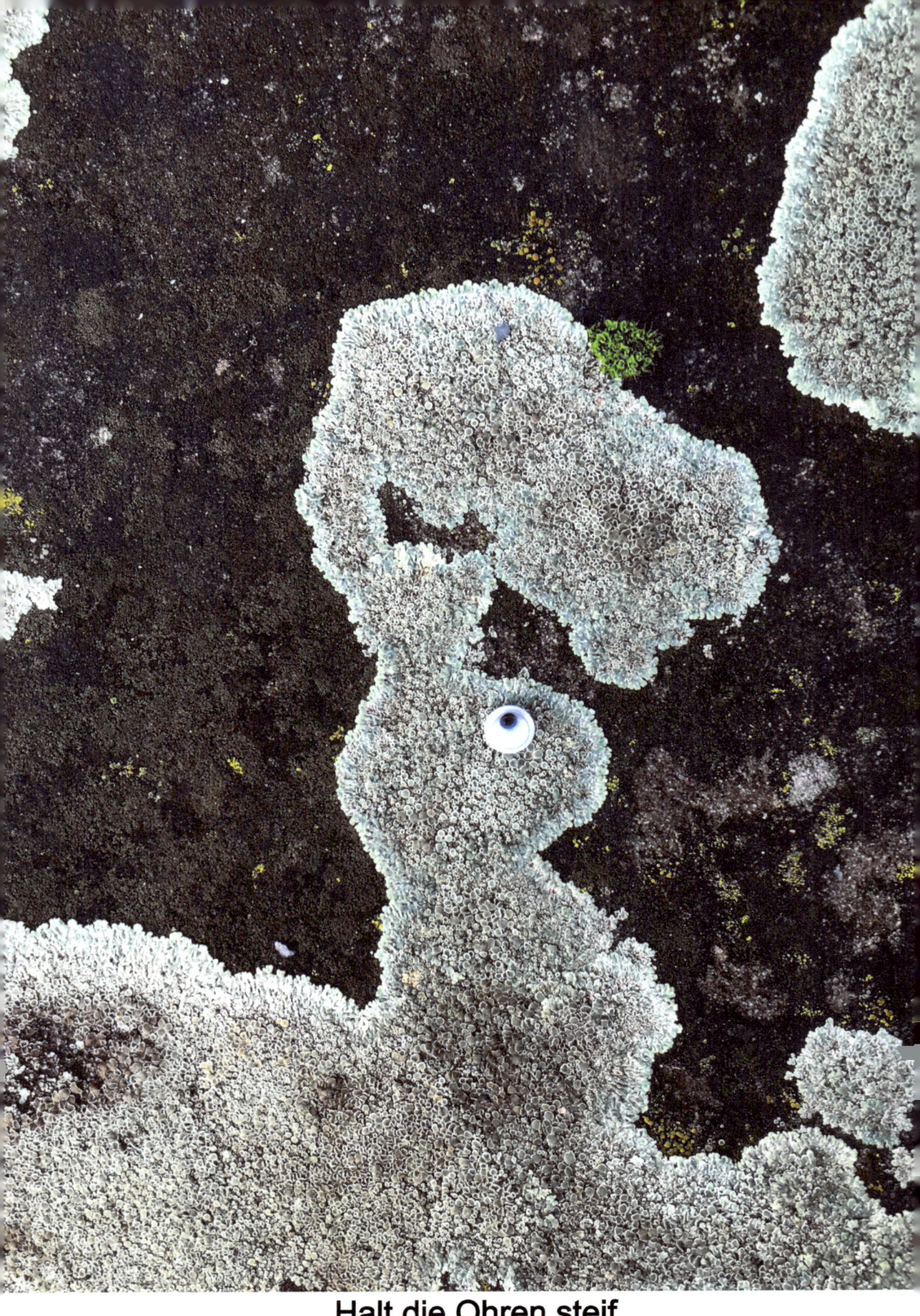

Halt die Ohren steif

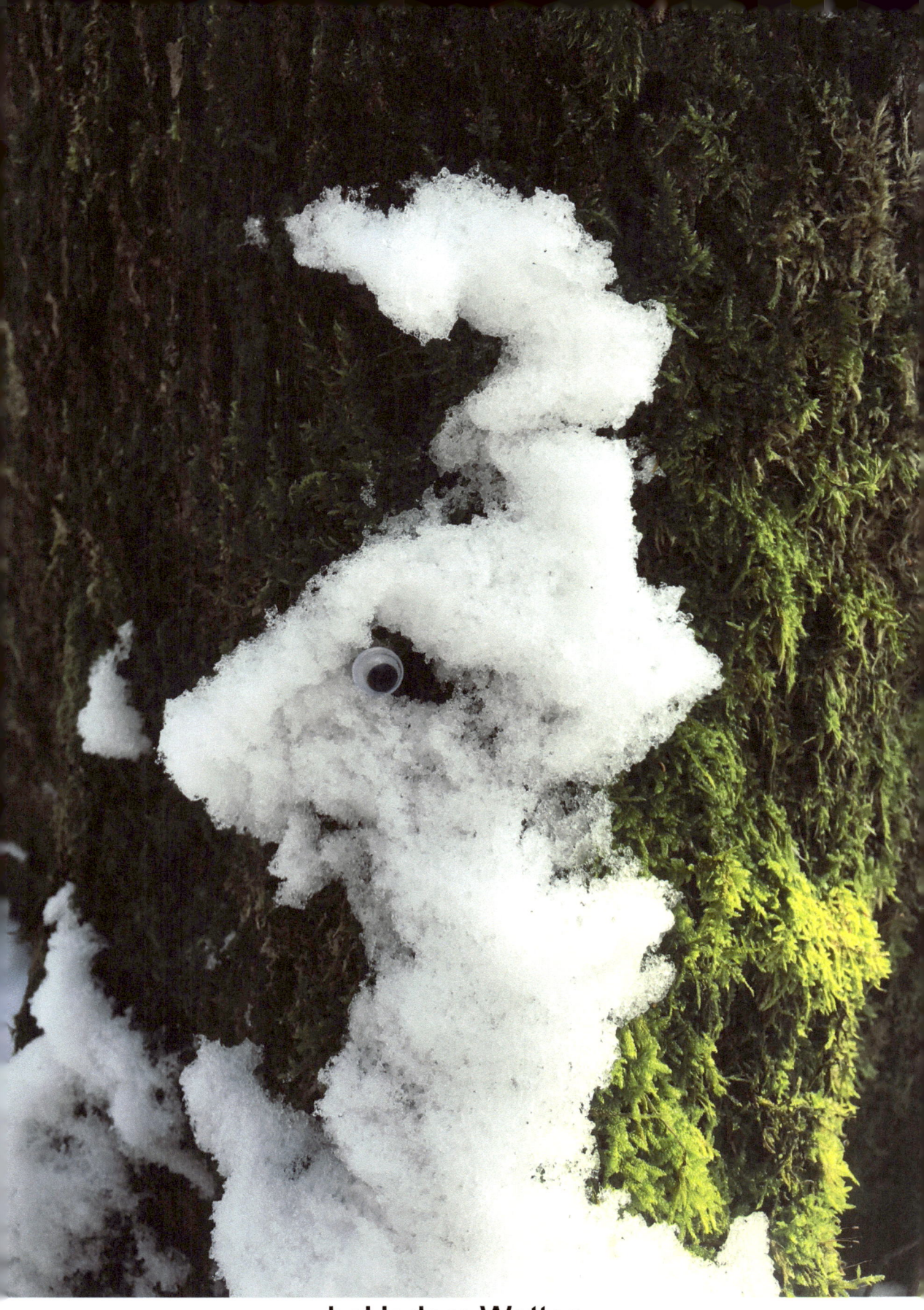

bei jedem Wetter

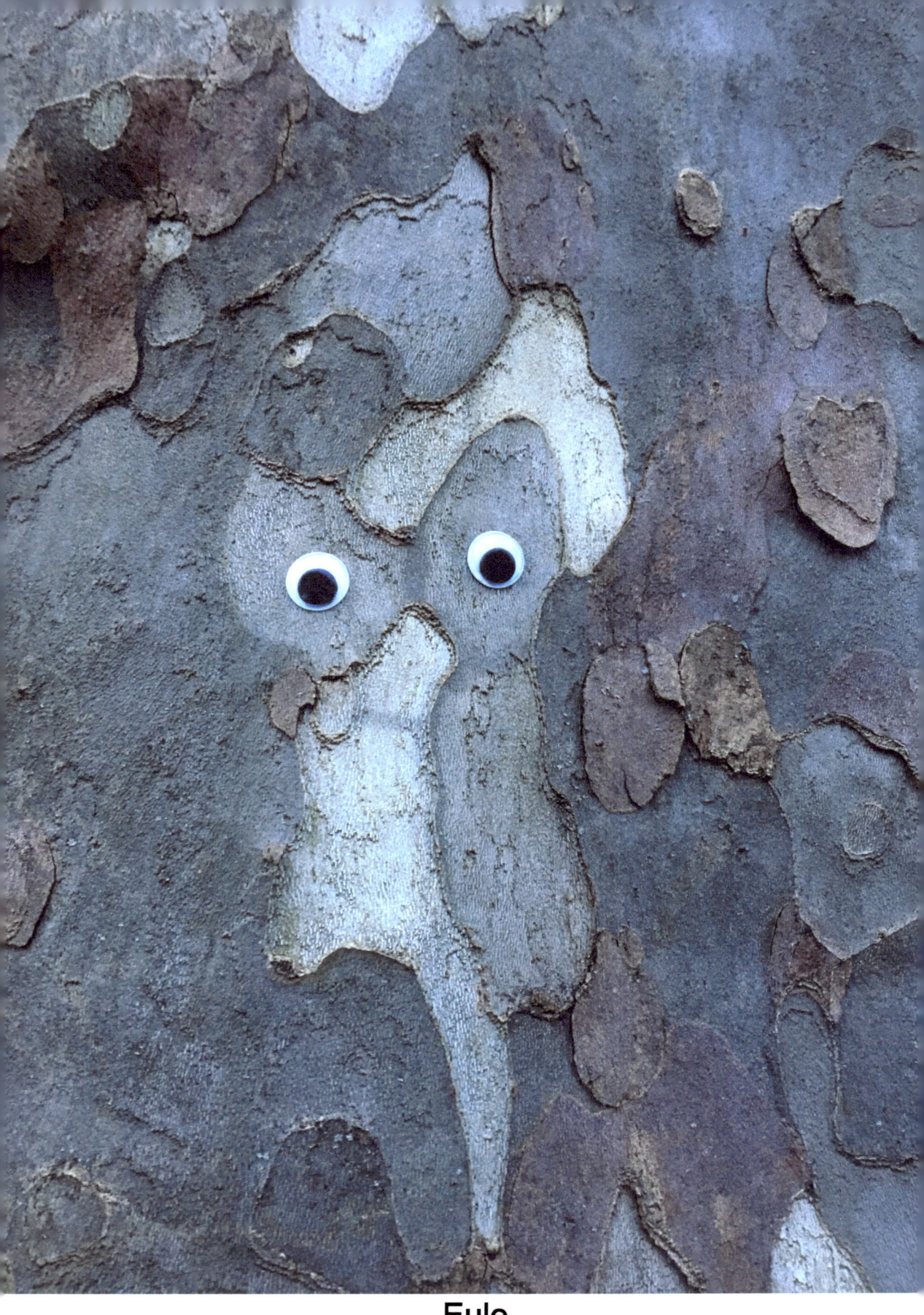

Eule

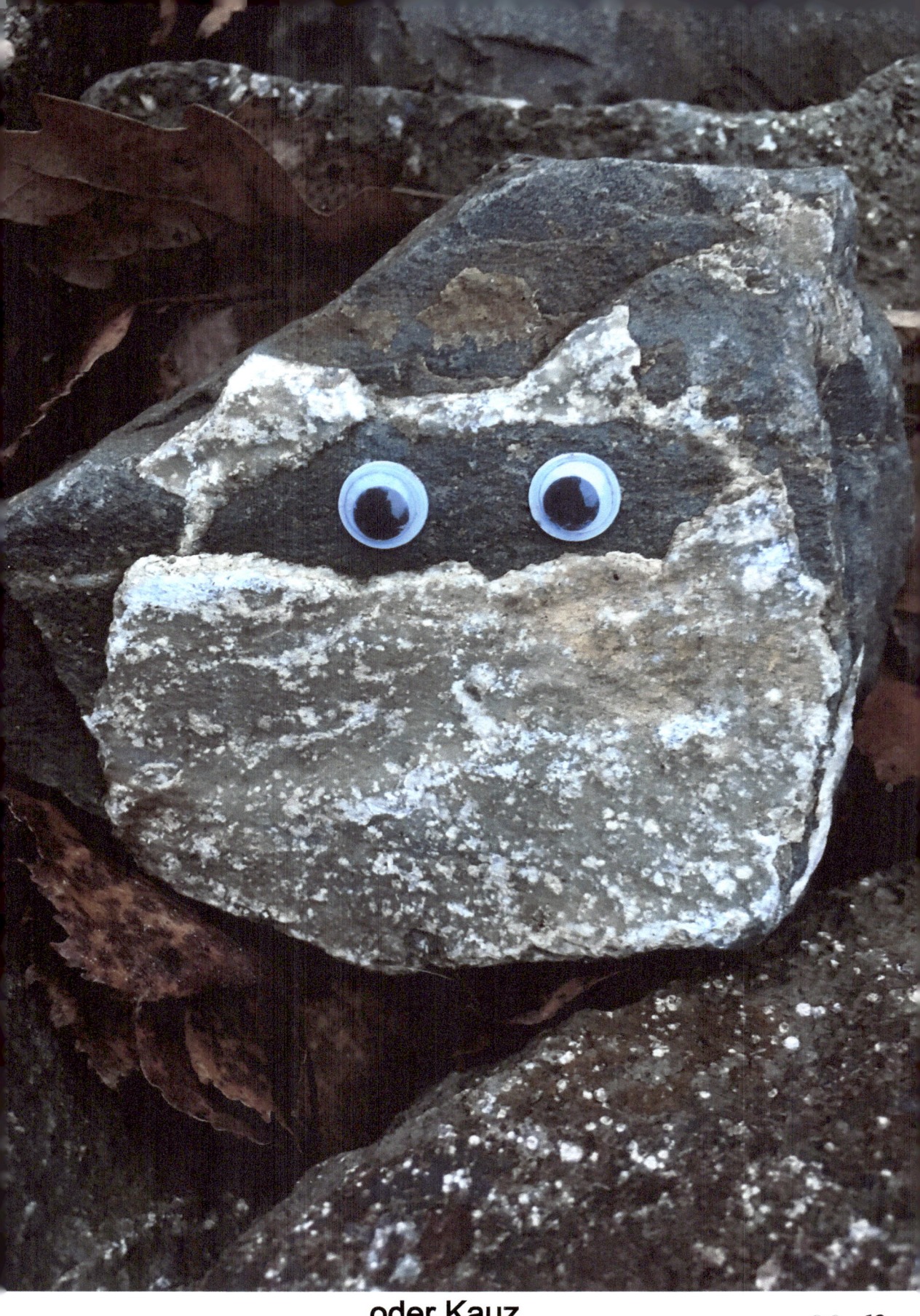

oder Kauz

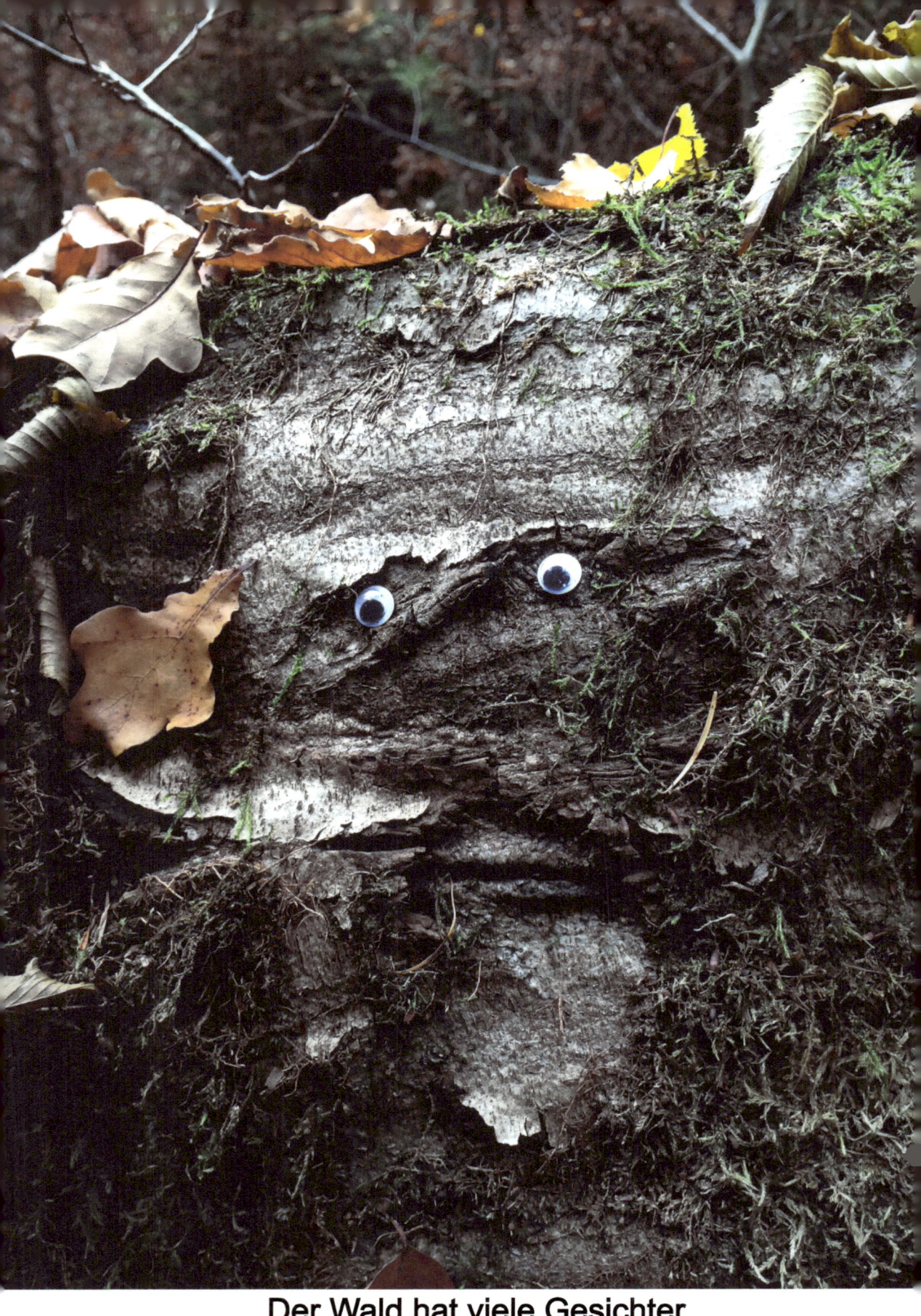

Der Wald hat viele Gesichter

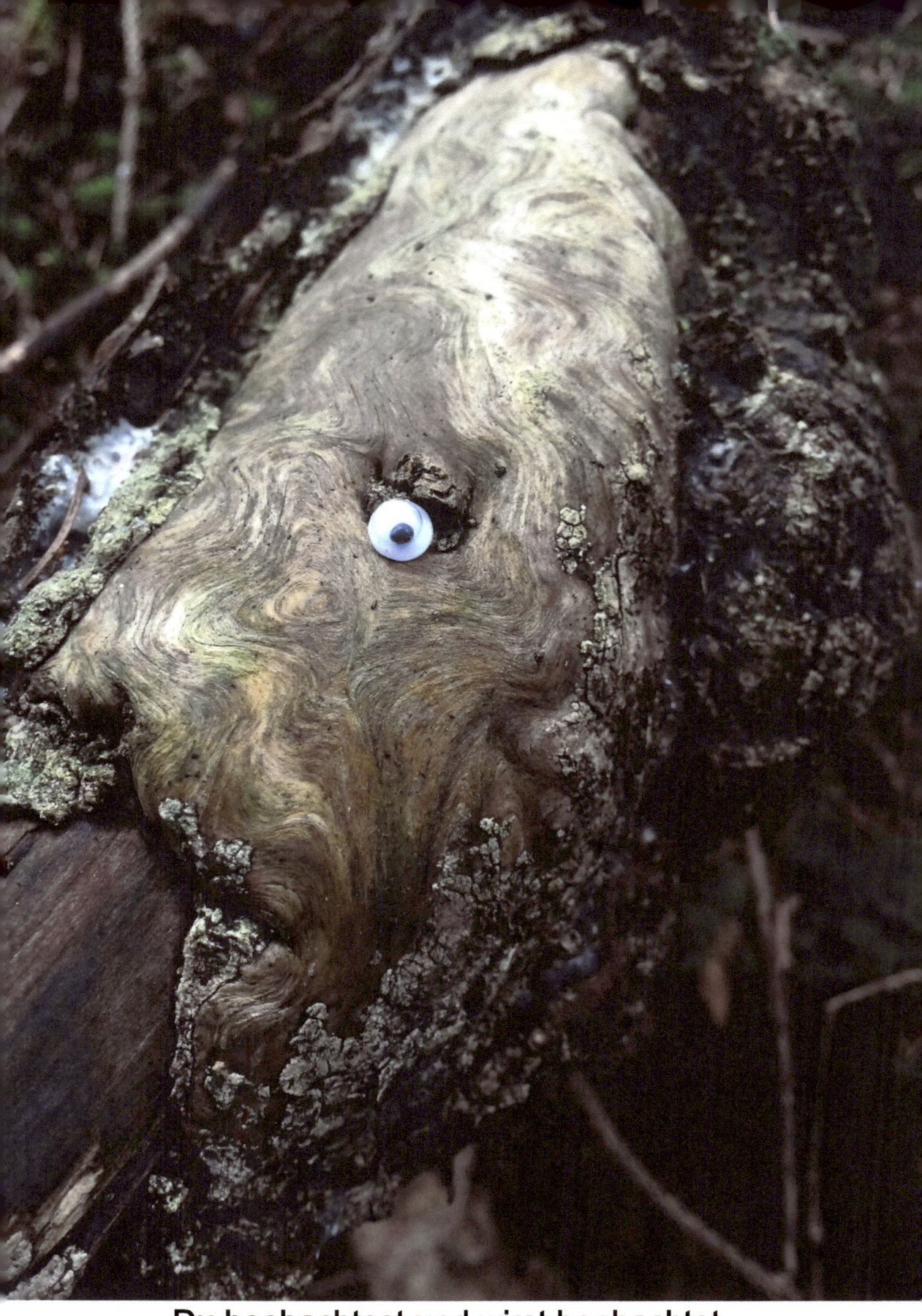

Du beobachtest und wirst beobachtet.

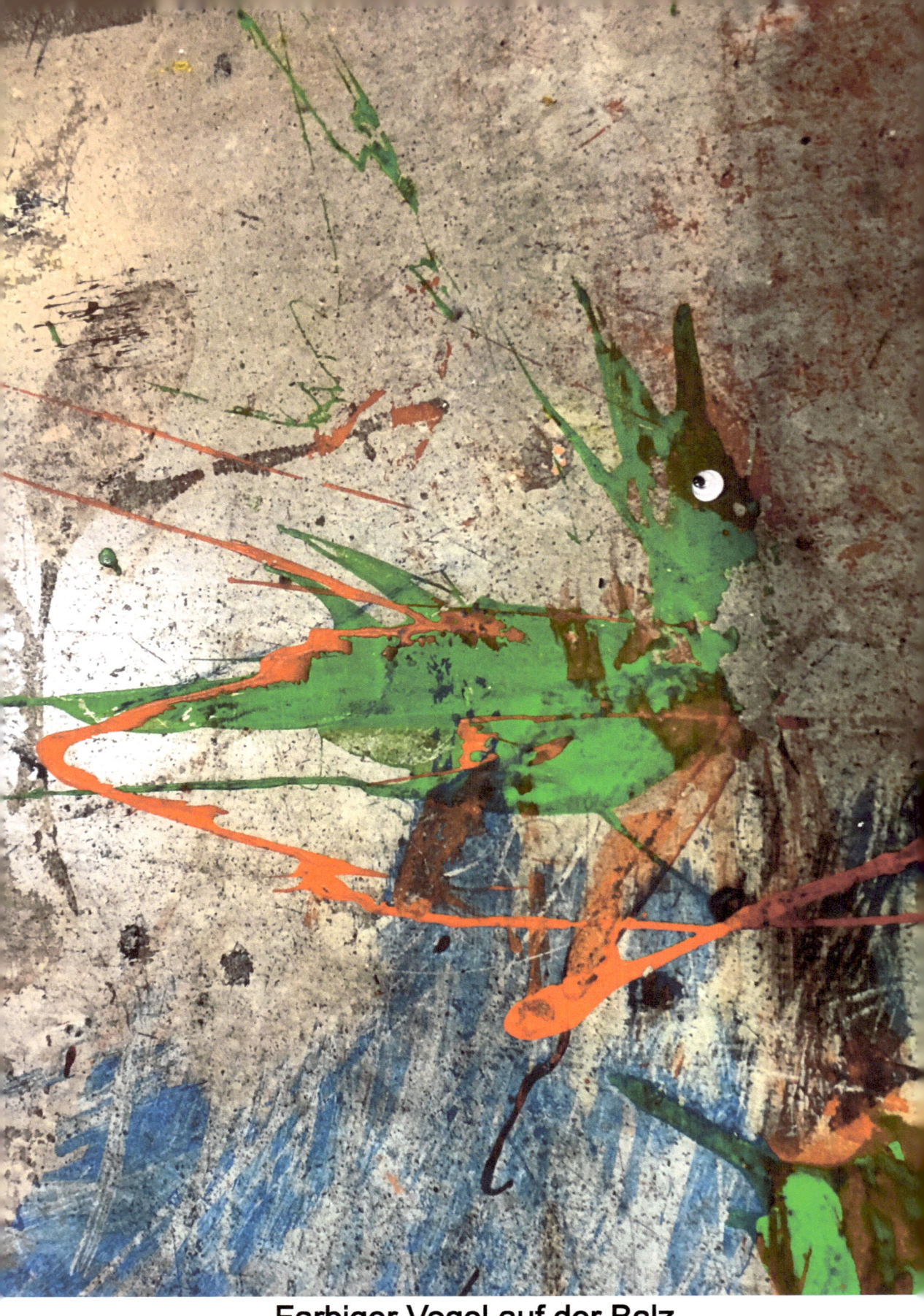

Farbiger Vogel auf der Balz

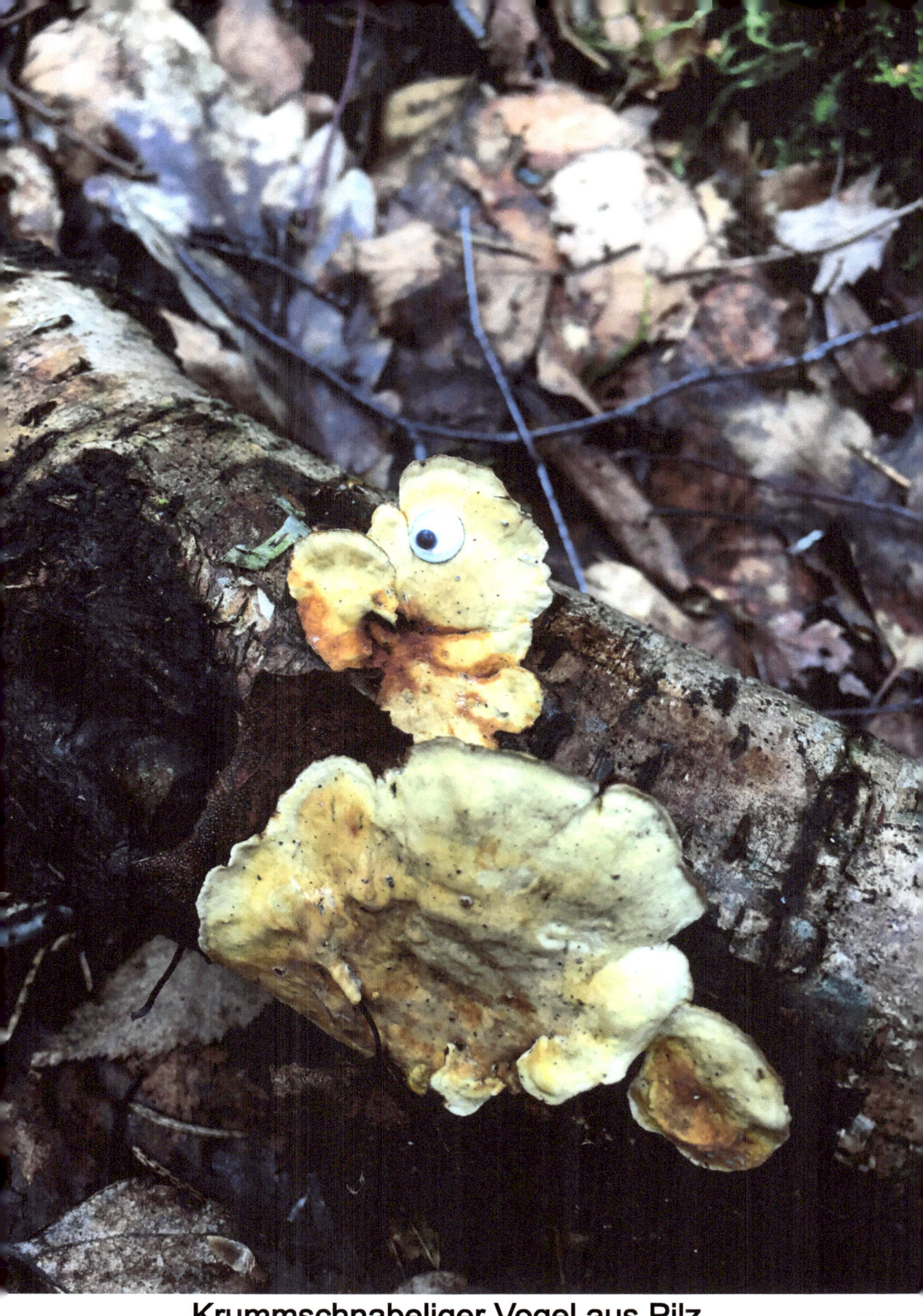

Krummschnabeliger Vogel aus Pilz

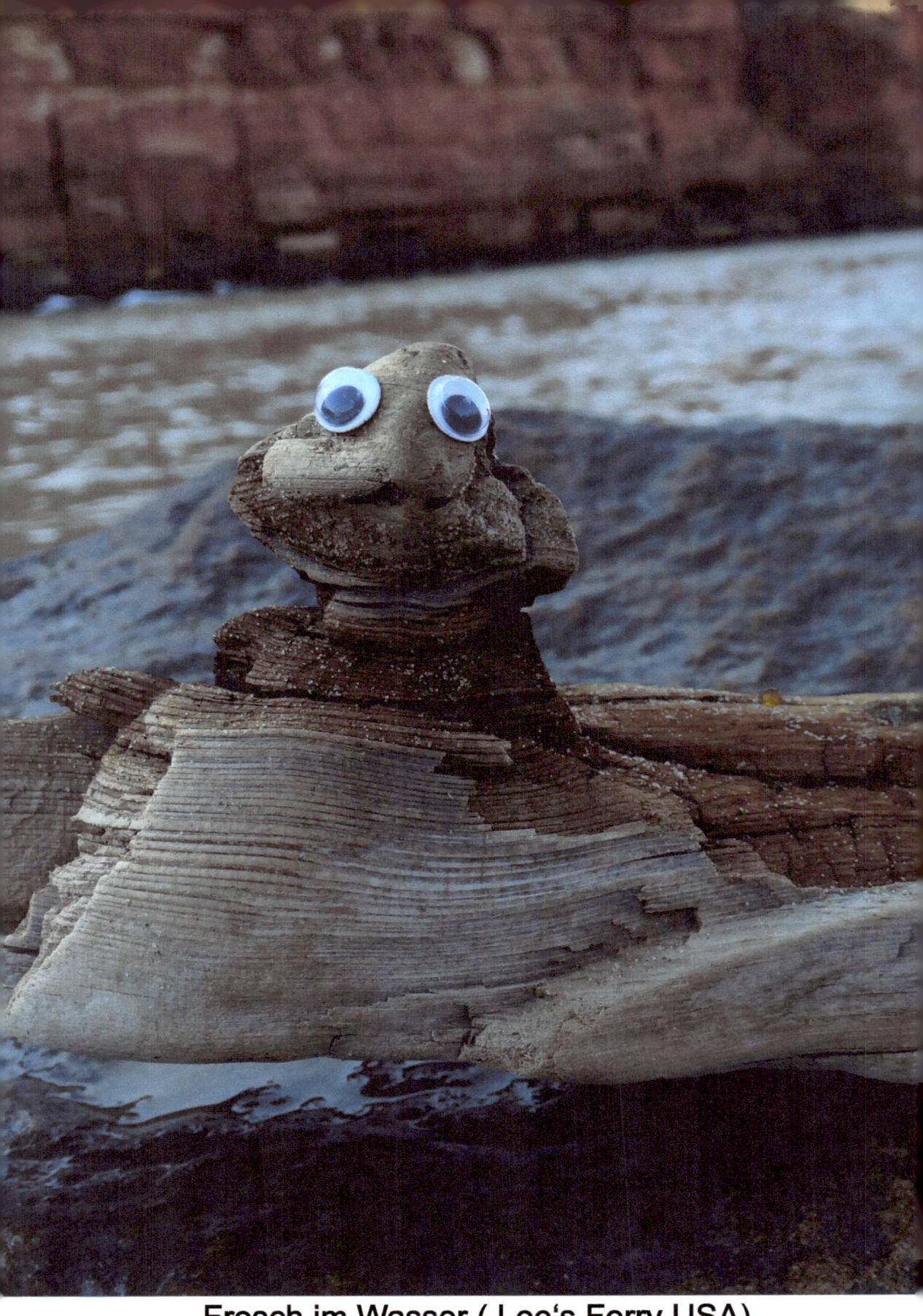

Frosch im Wasser (Lee's Ferry USA)

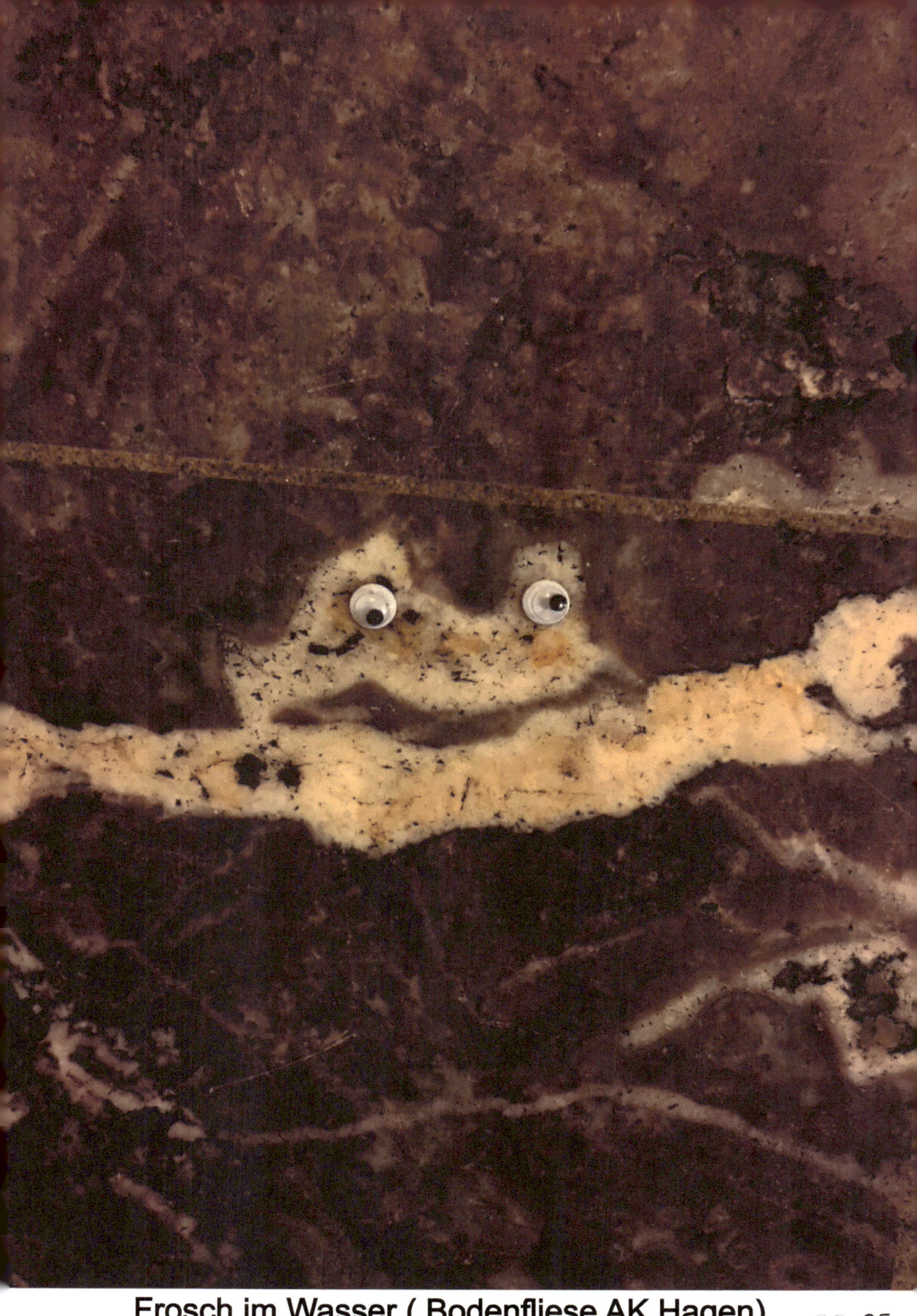

Frosch im Wasser (Bodenfliese AK Hagen)

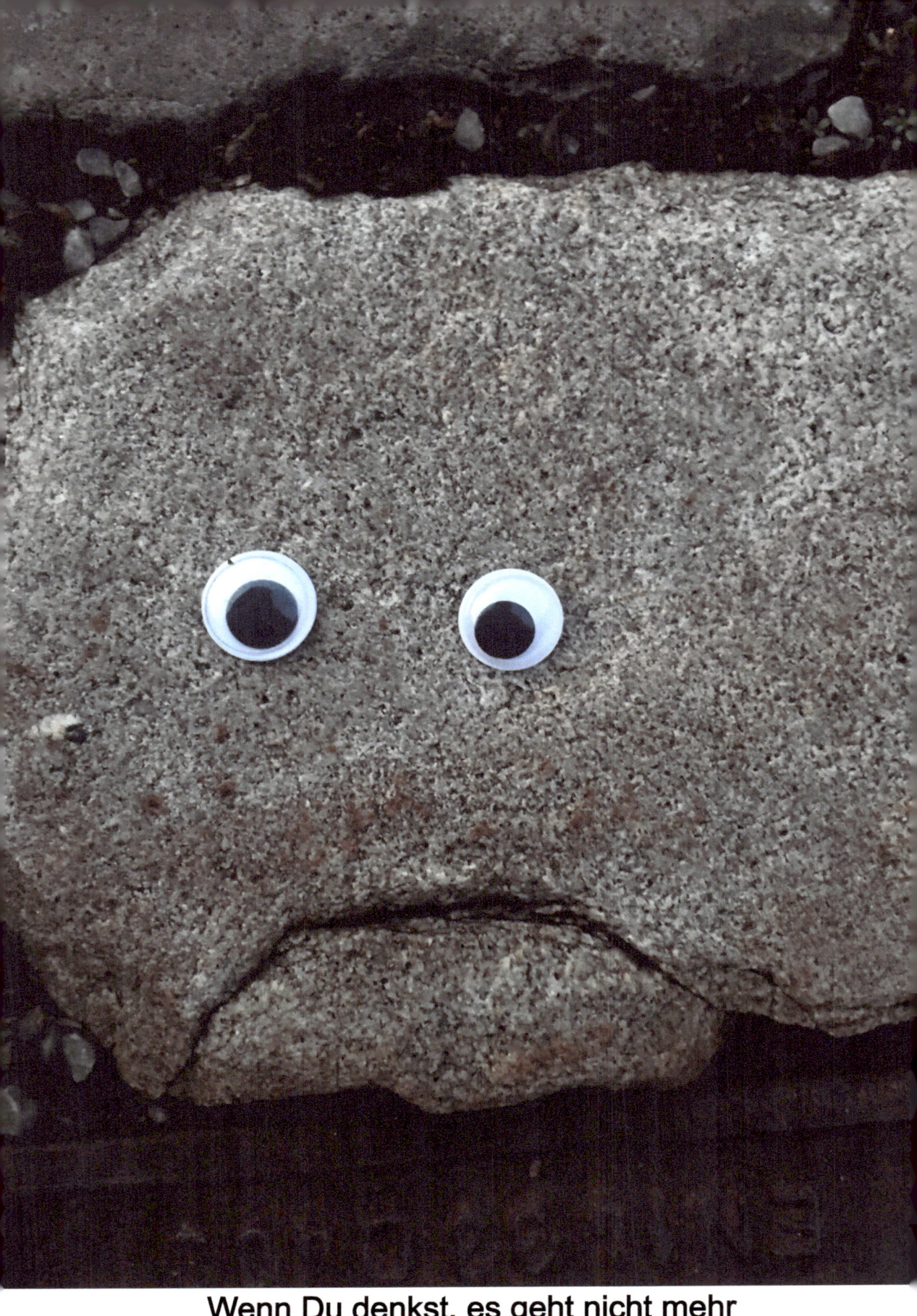

Wenn Du denkst, es geht nicht mehr

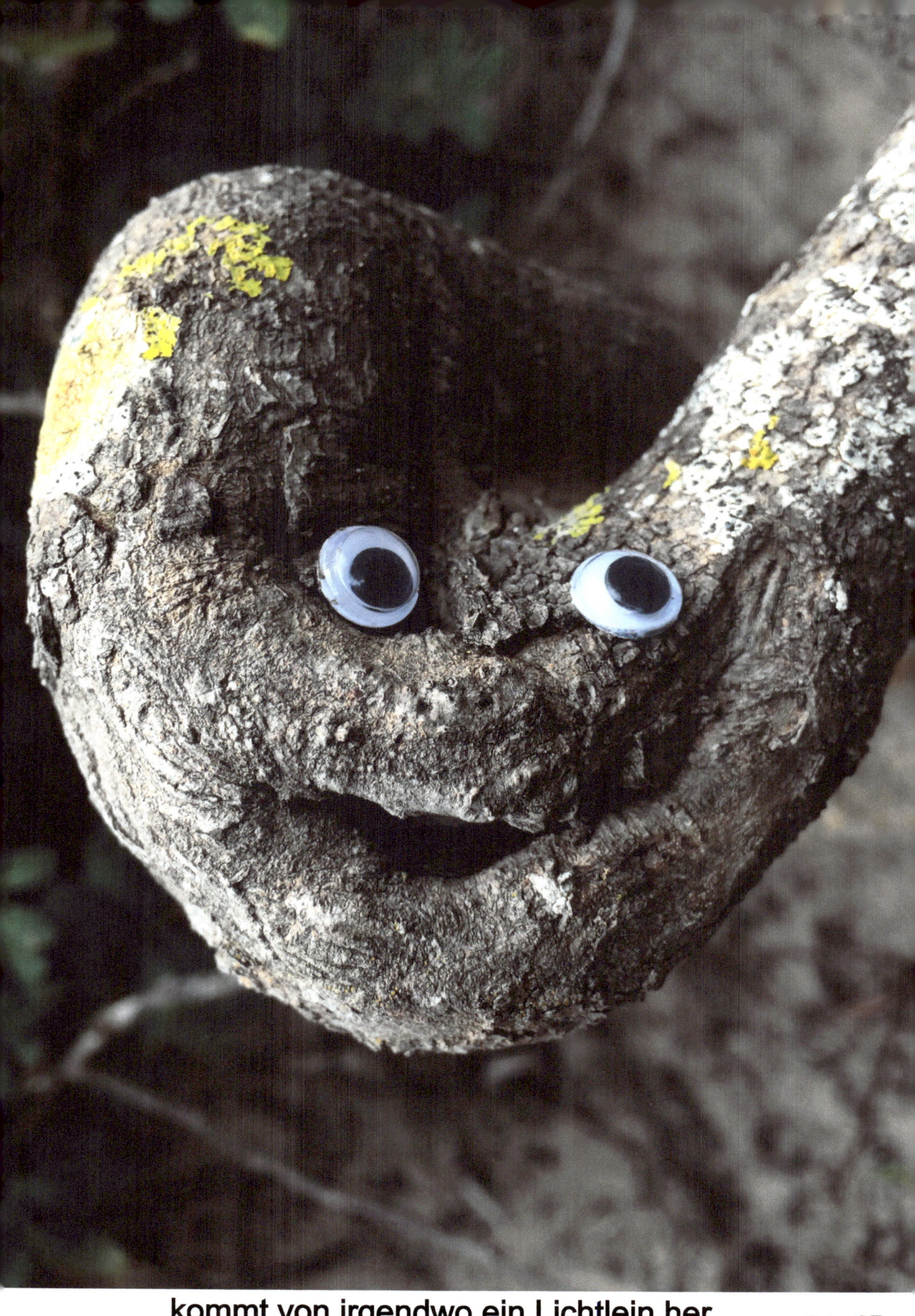

kommt von irgendwo ein Lichtlein her

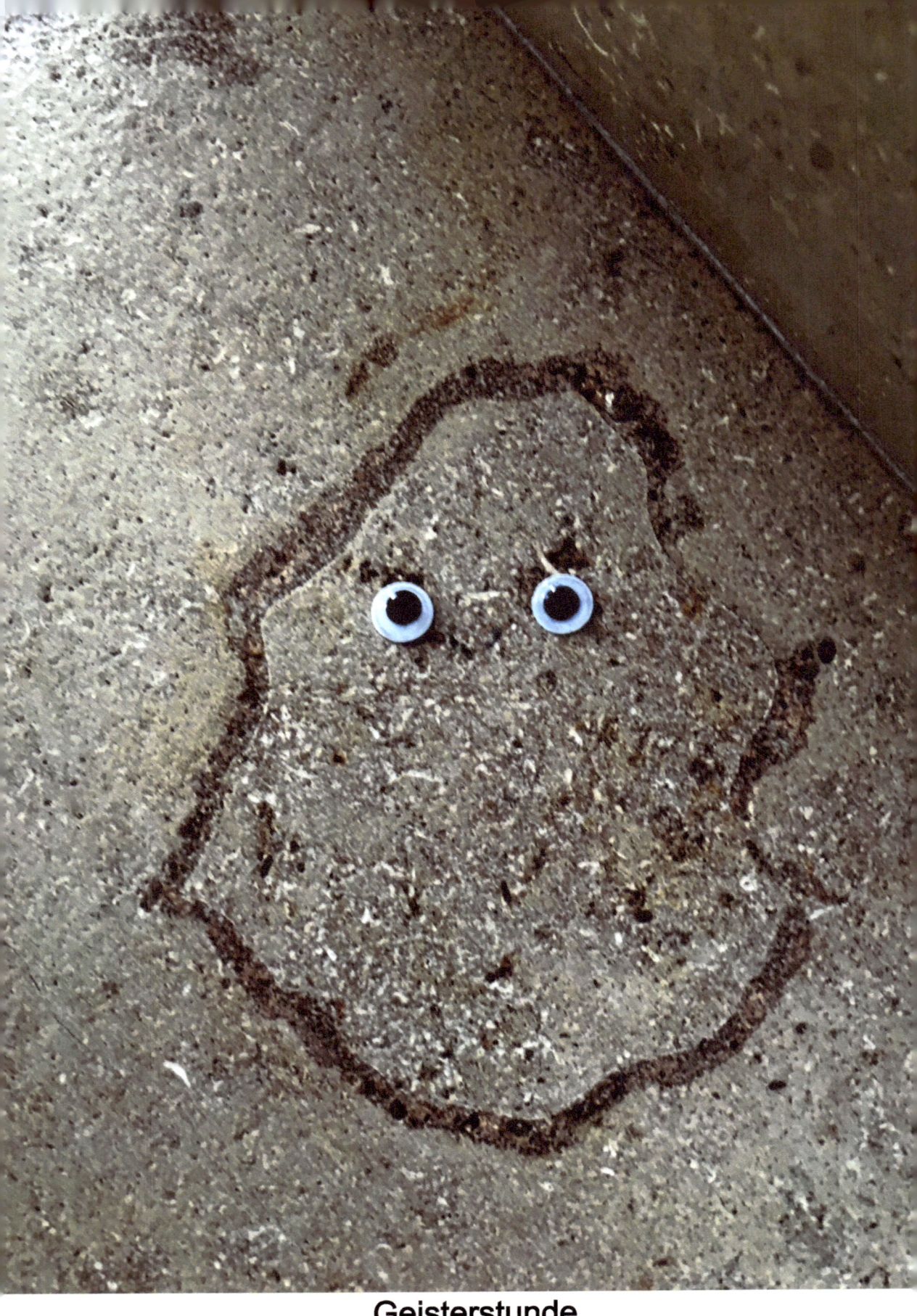

Geisterstunde

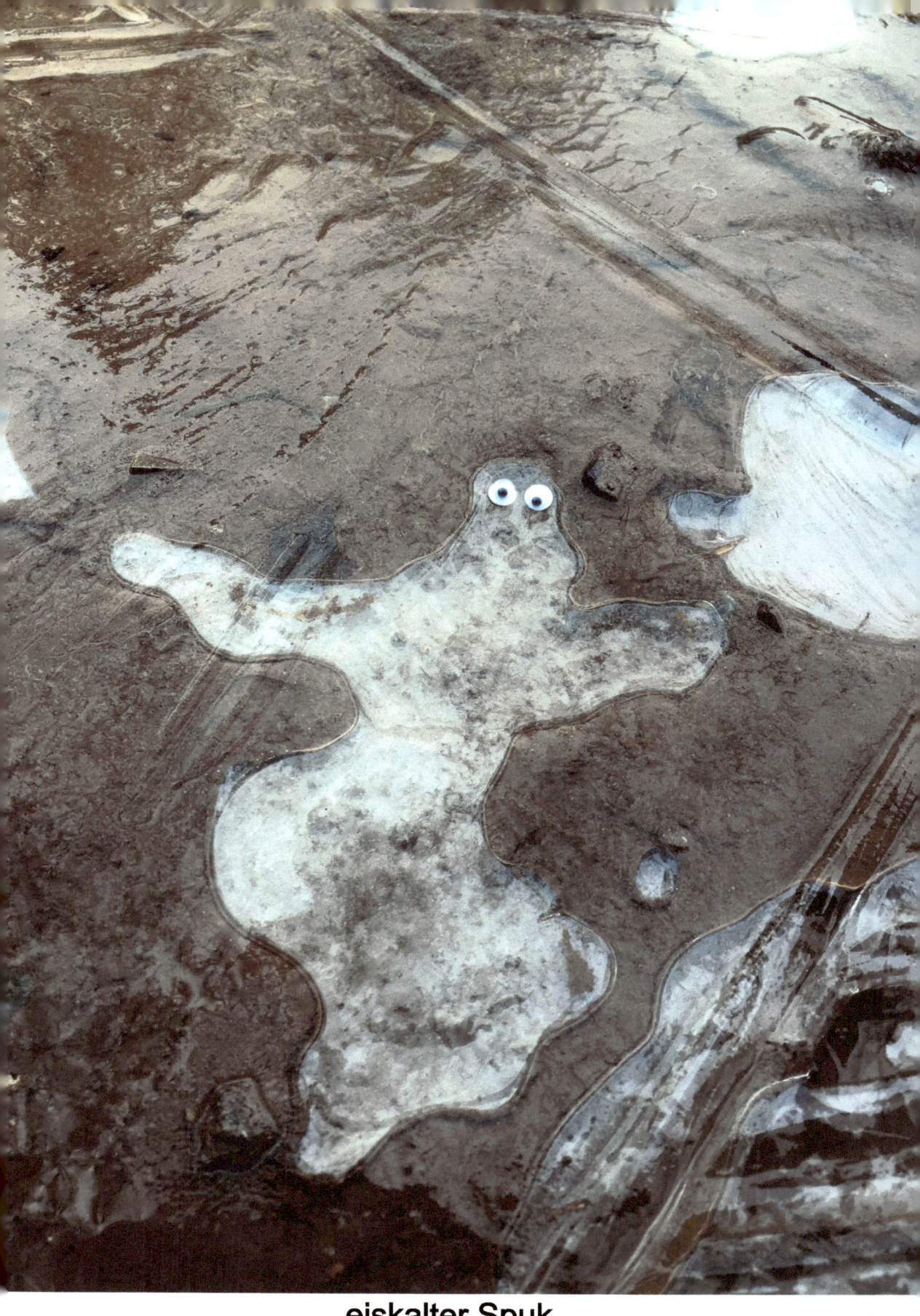

eiskalter Spuk

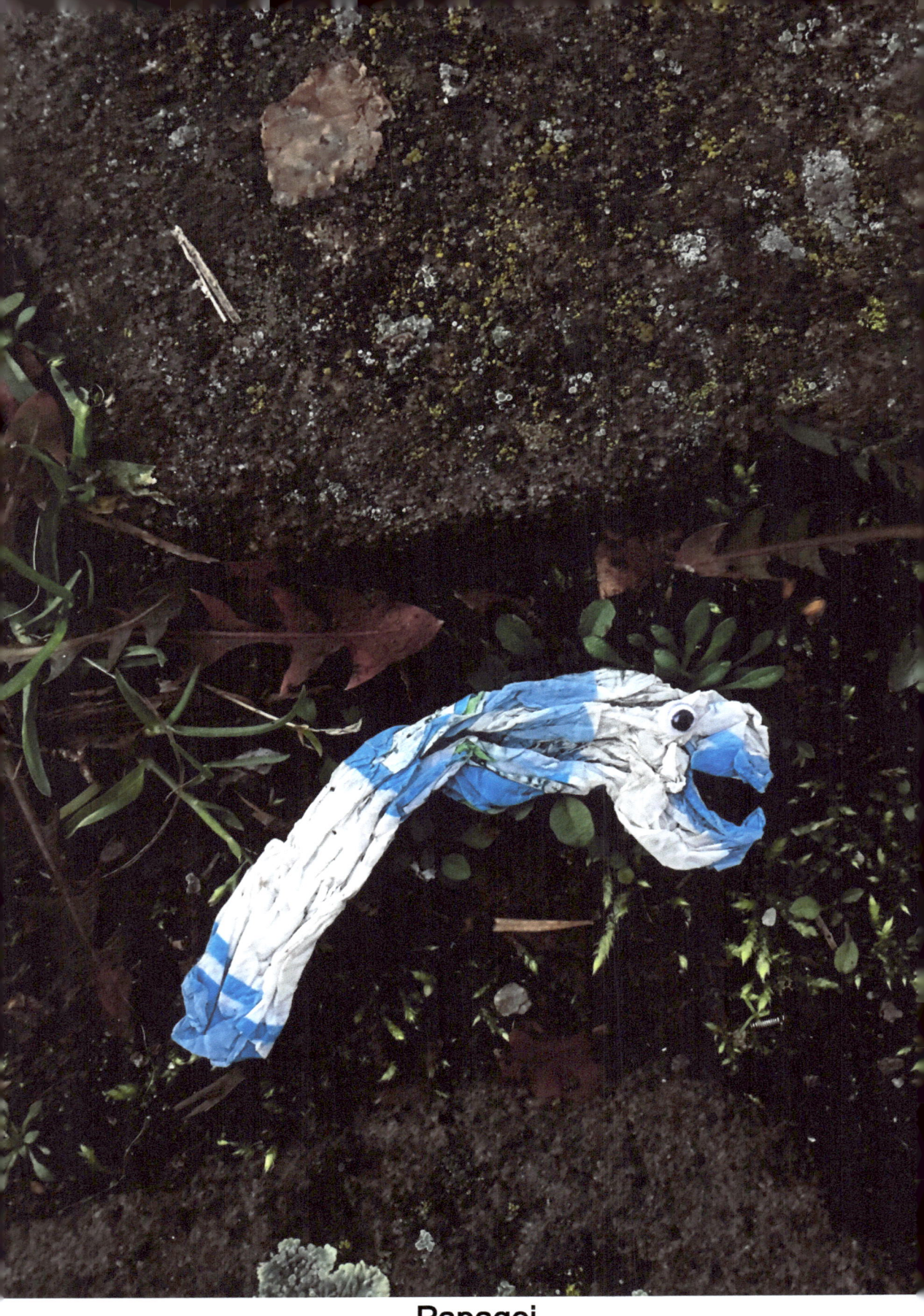

Papagei

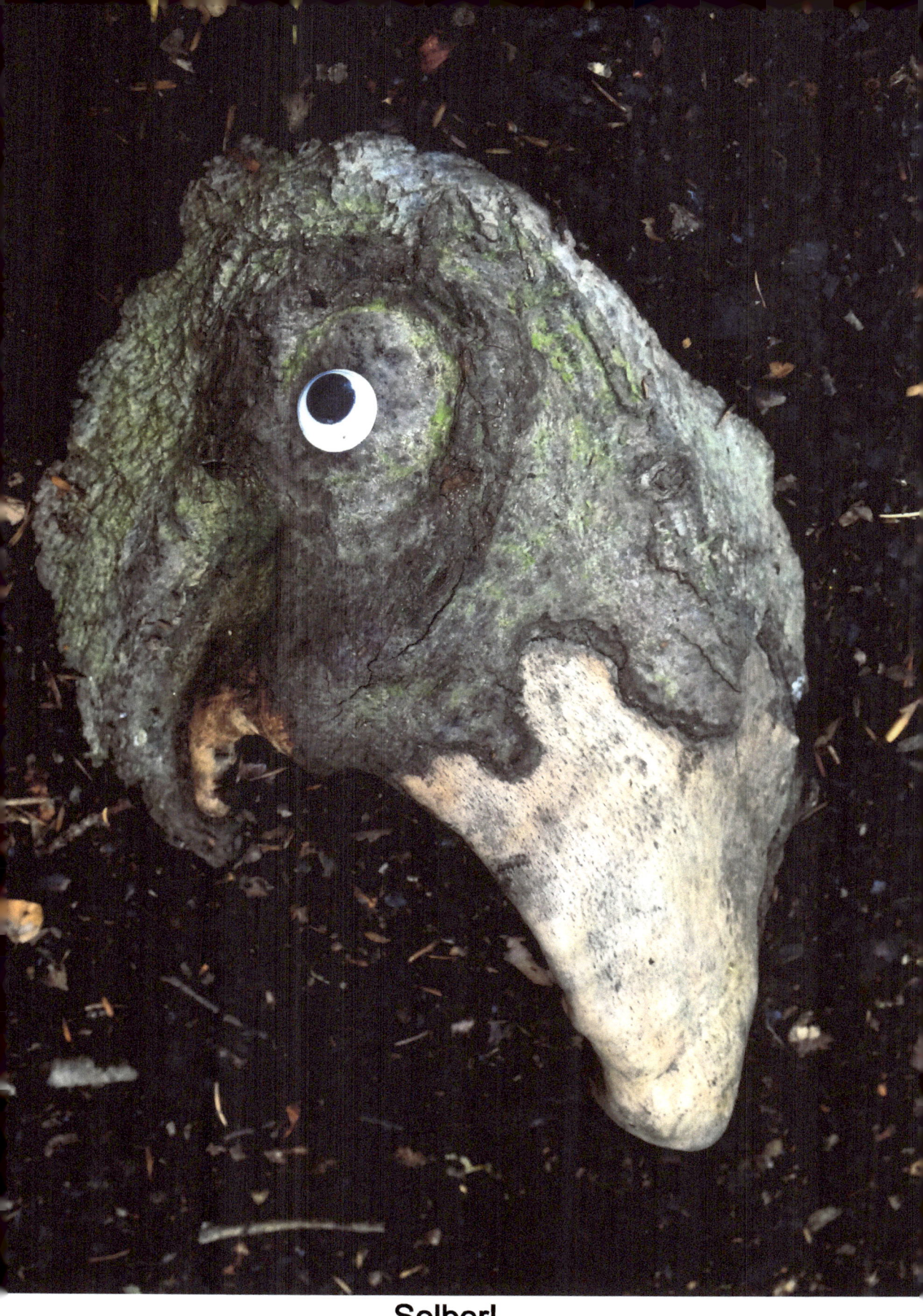

Selber!

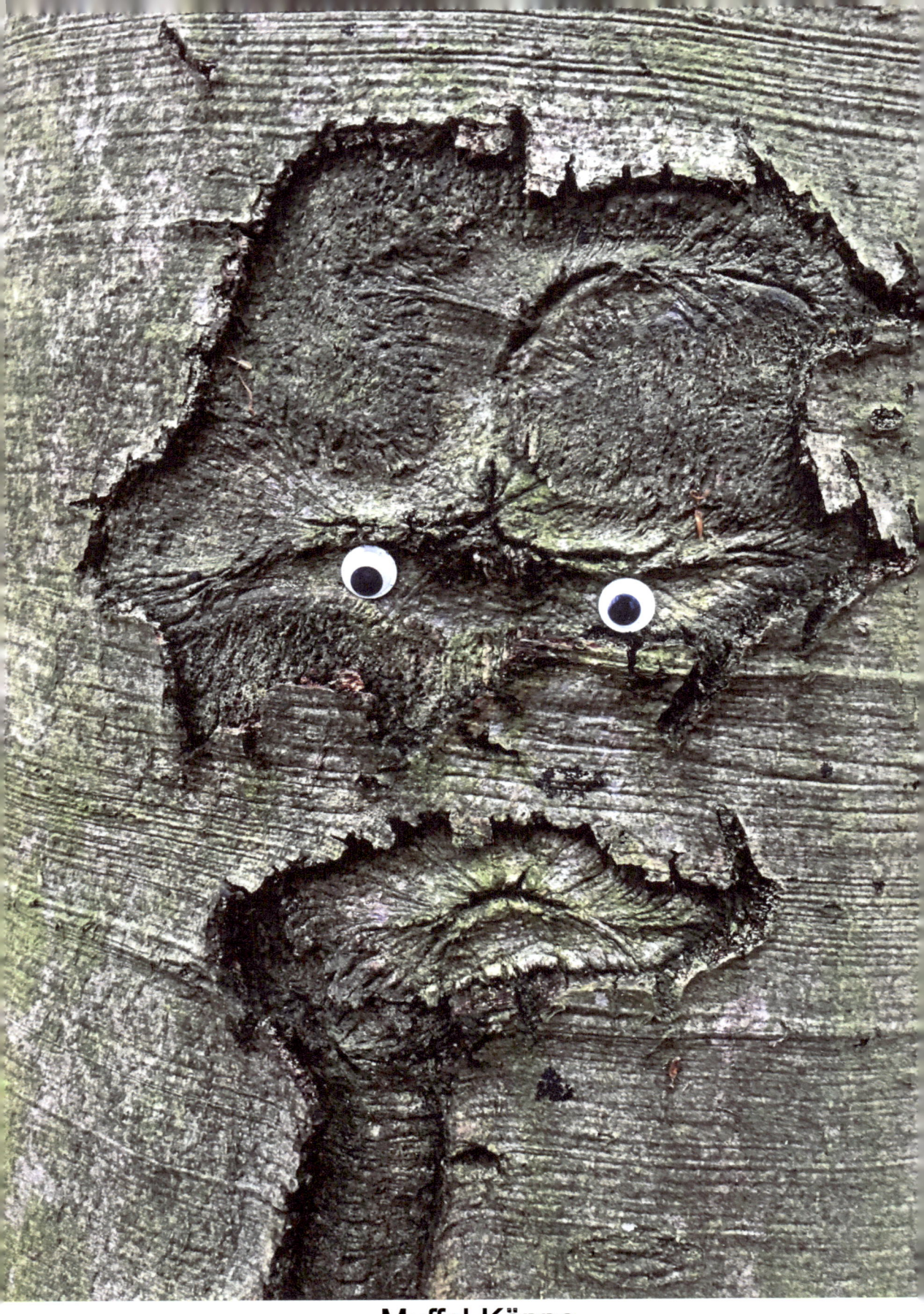

Muffel-Köppe

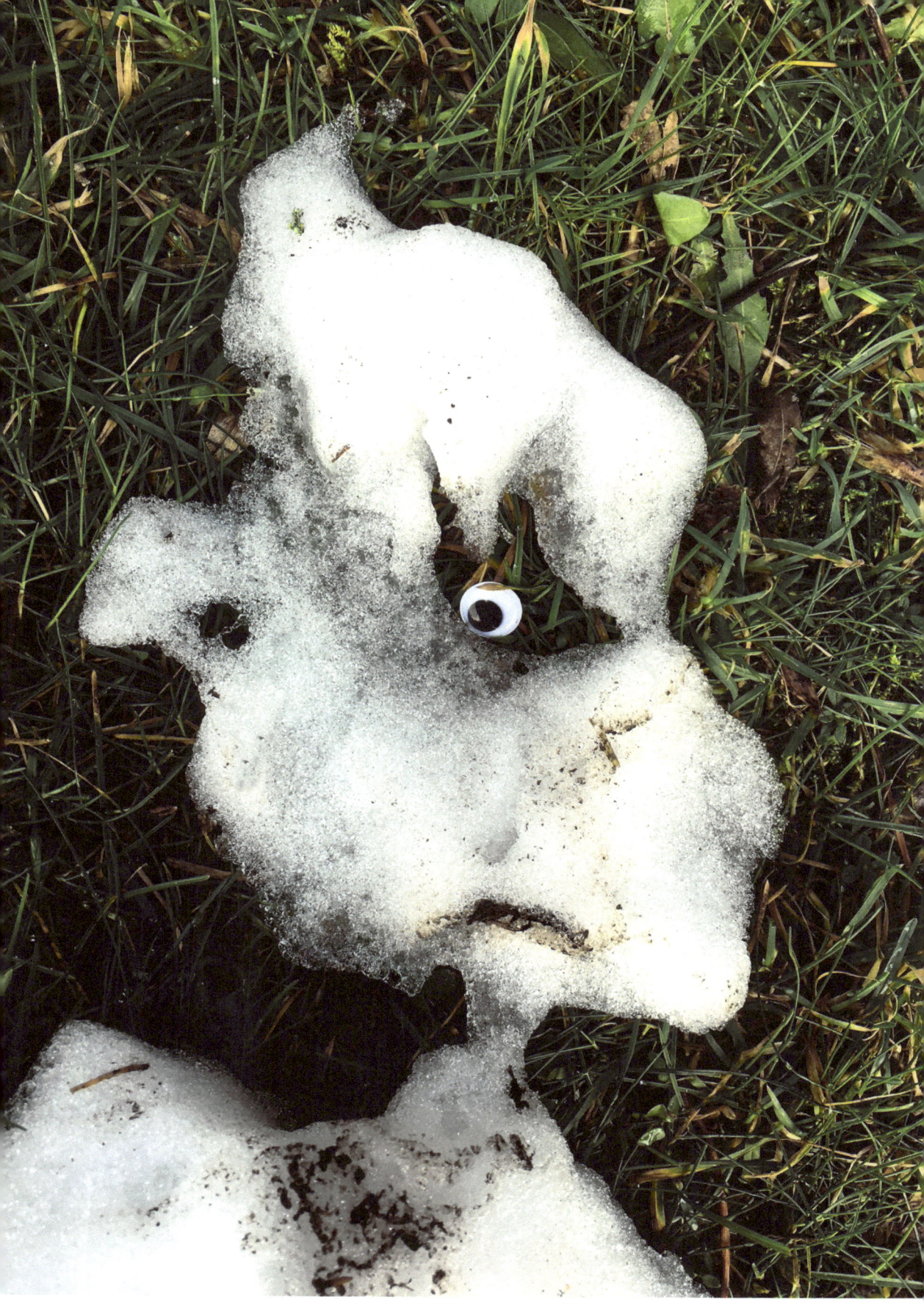

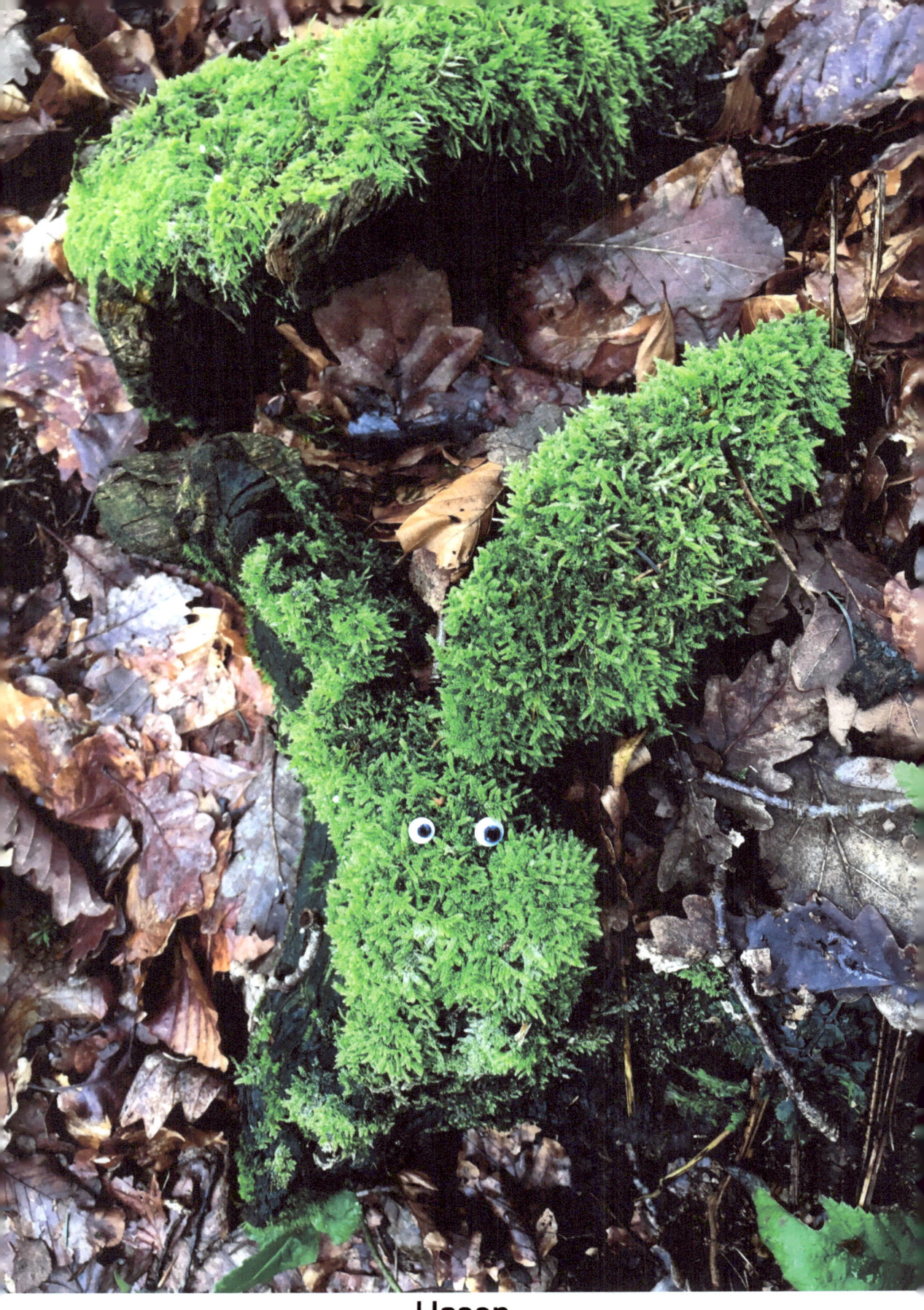

Hasen...

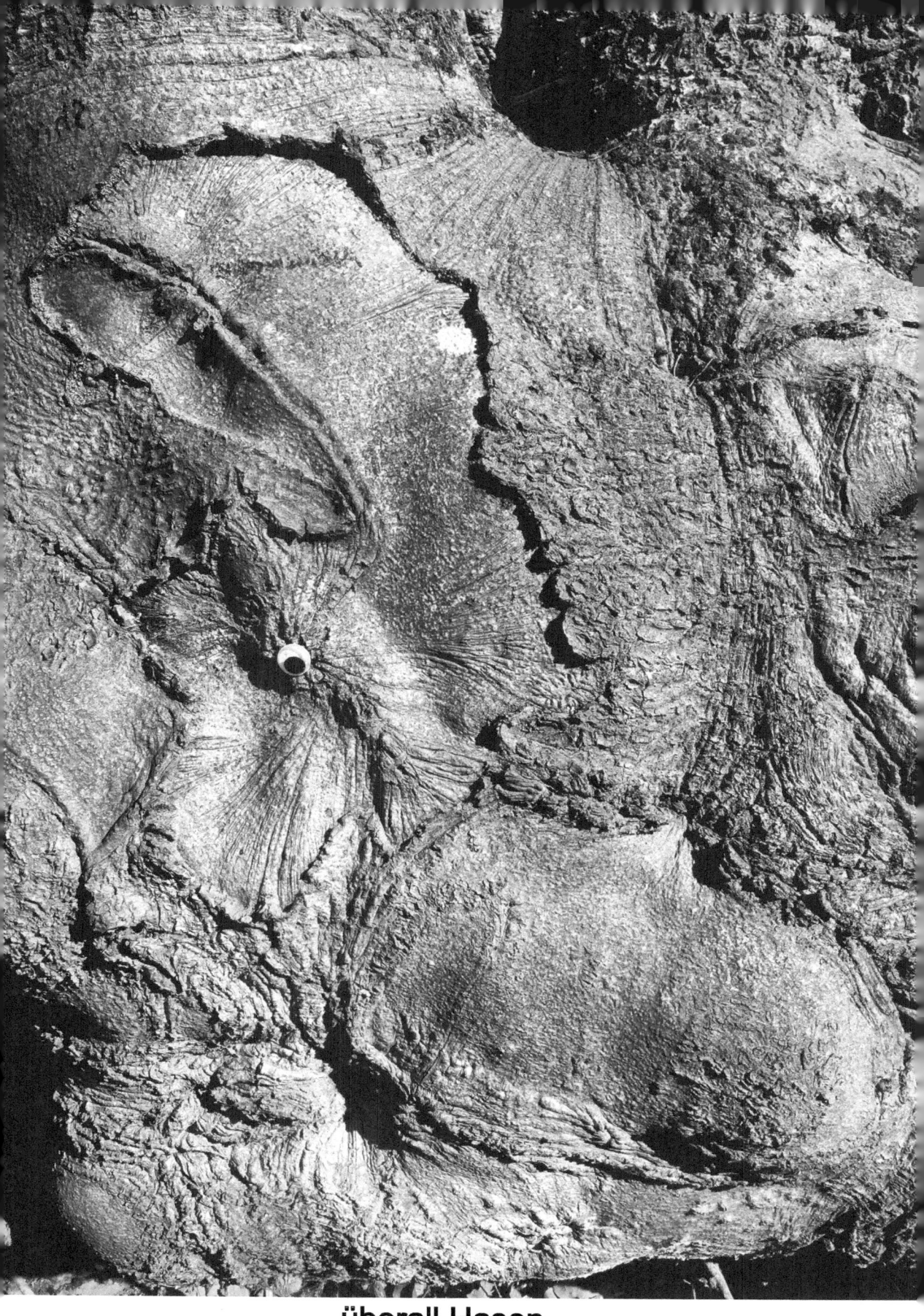

überall Hasen

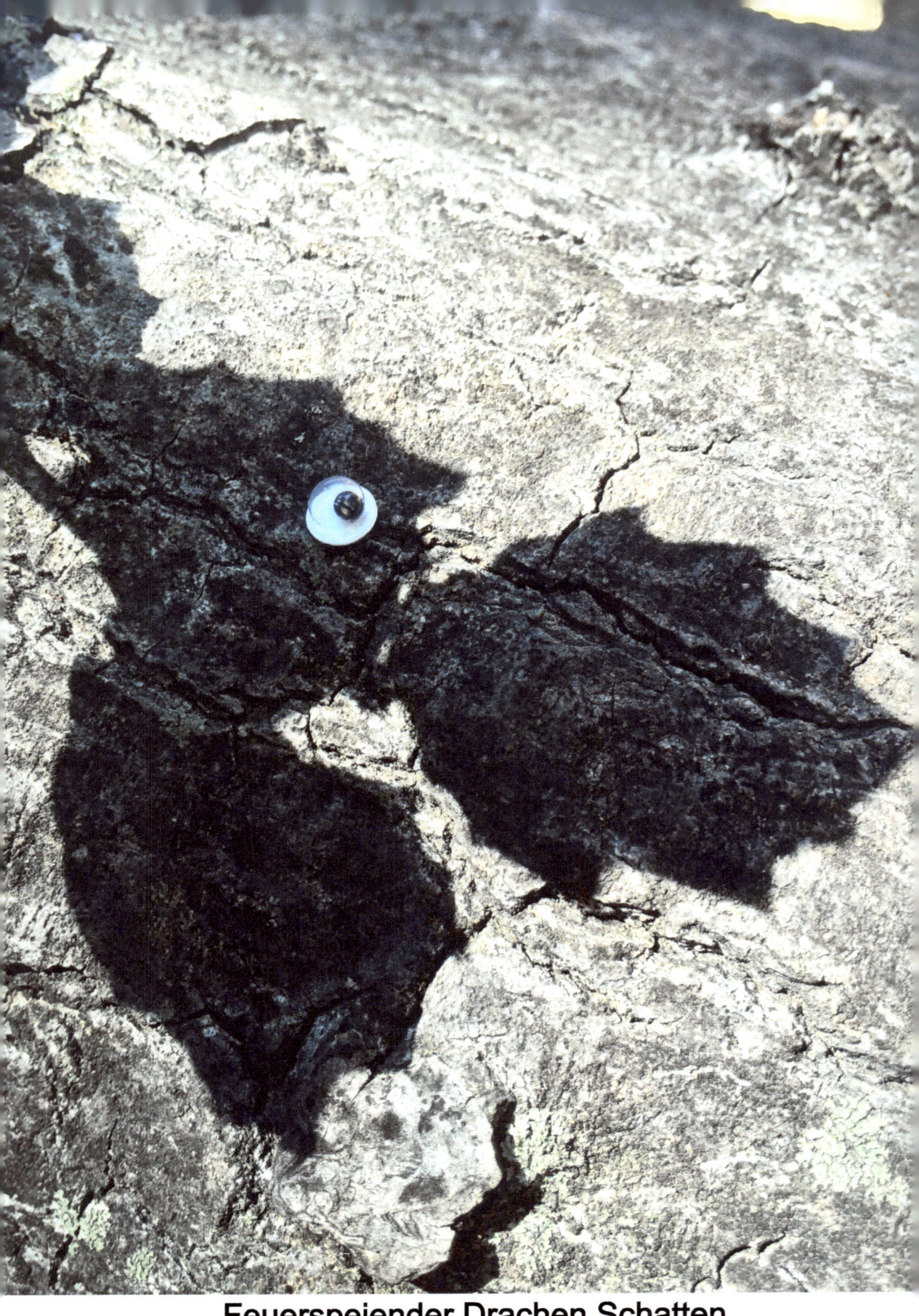

Feuerspeiender Drachen Schatten

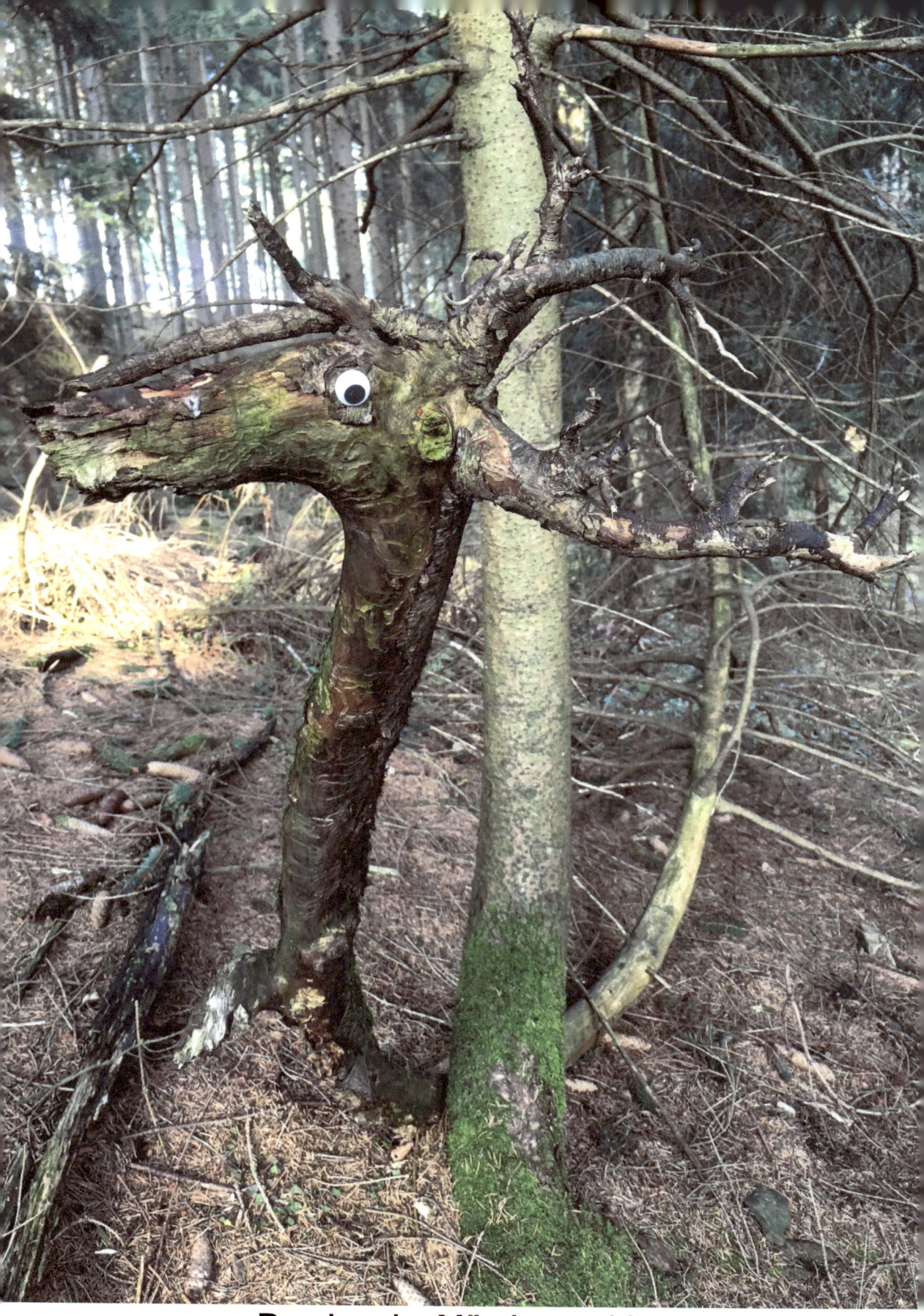

Drachen im Märchenwald

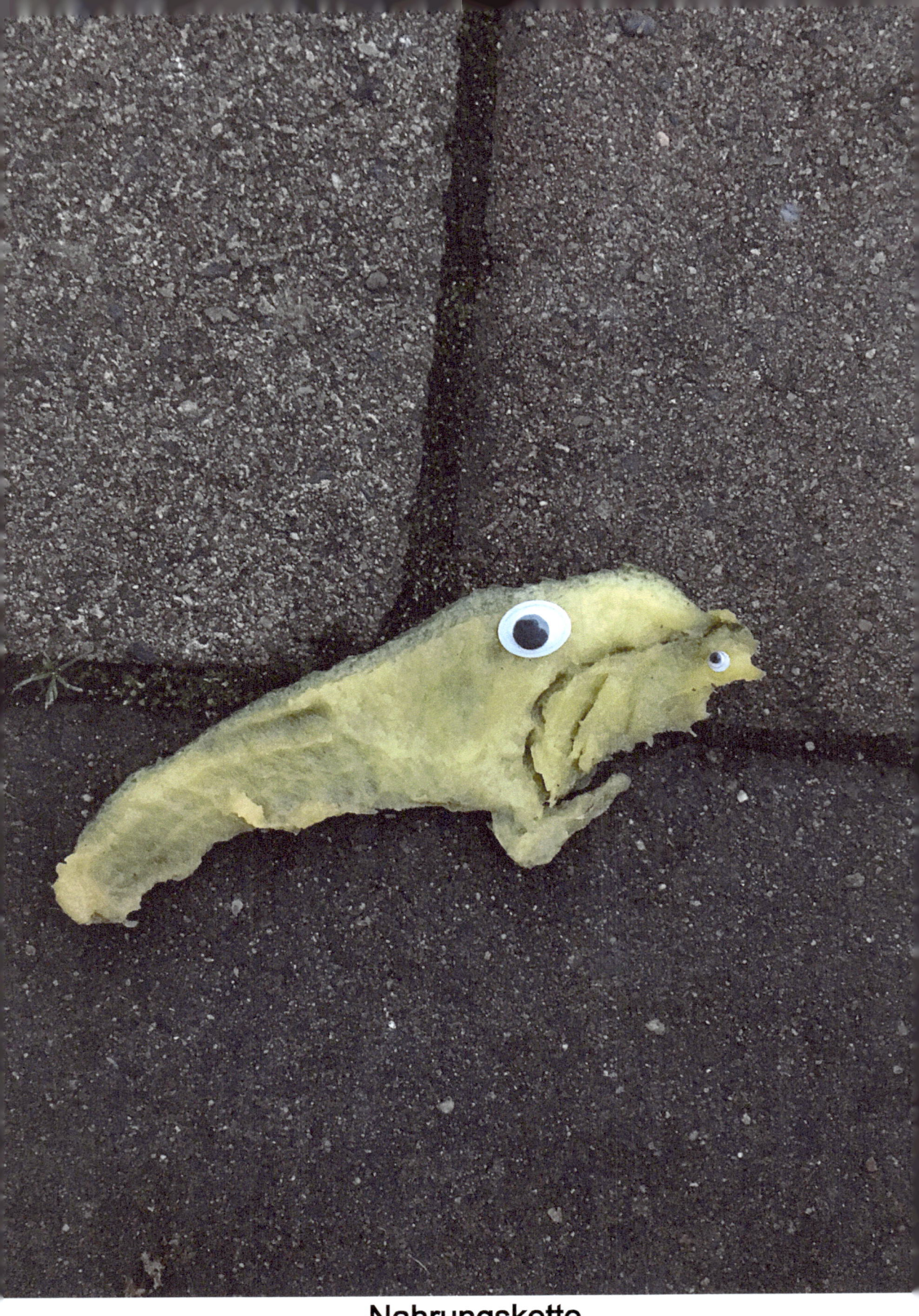

Nahrungskette

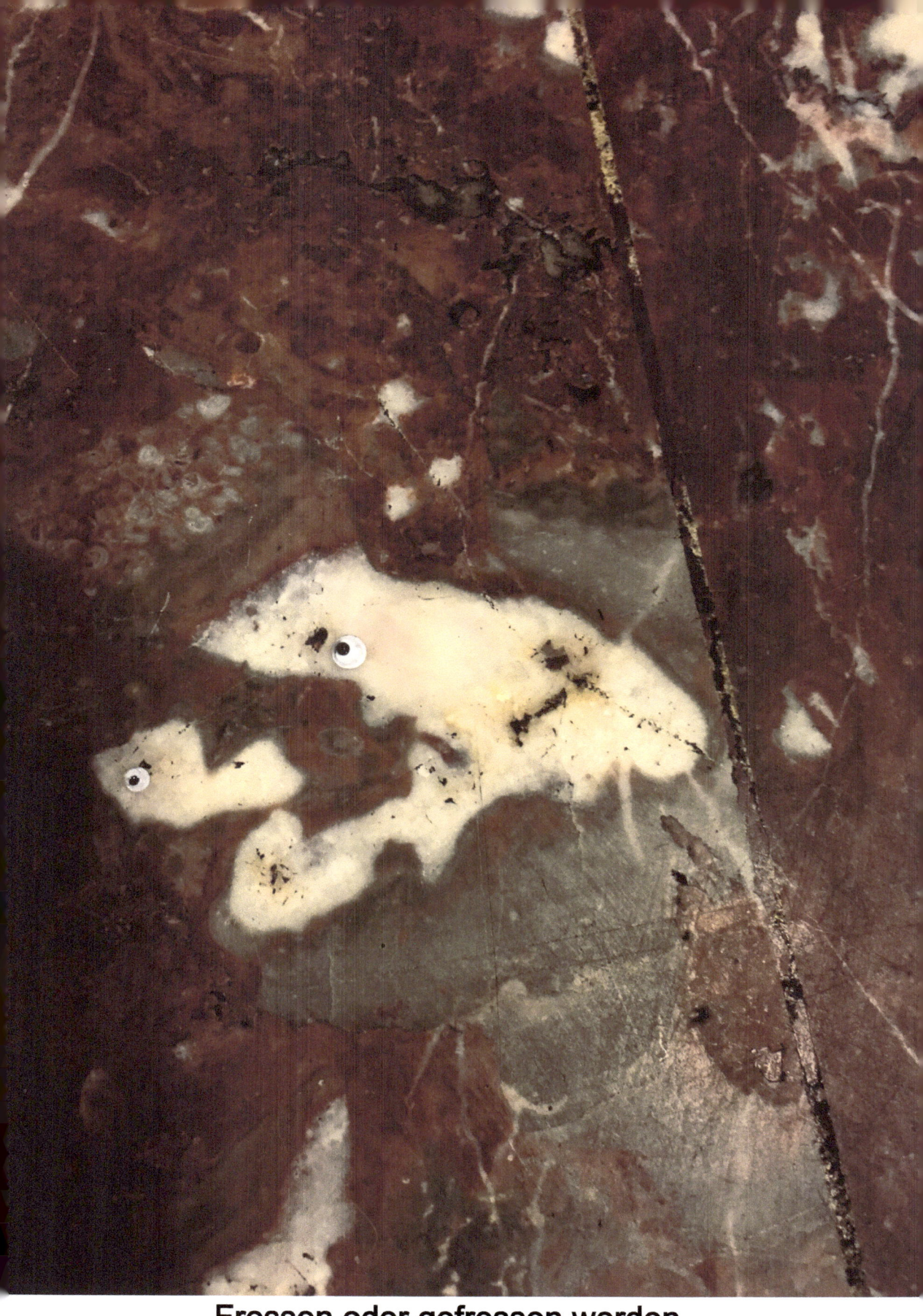

Fressen oder gefressen werden

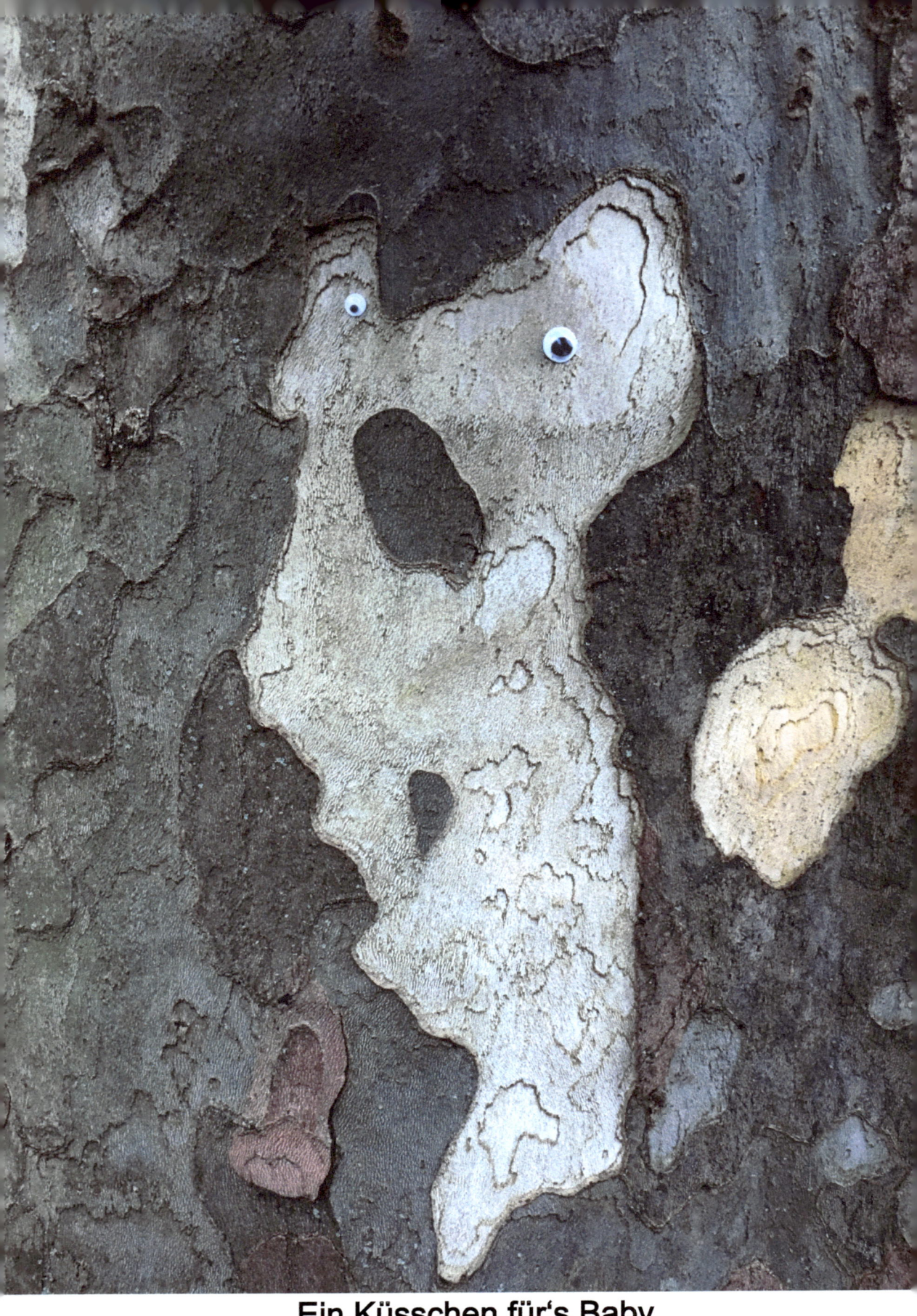

Ein Küsschen für's Baby

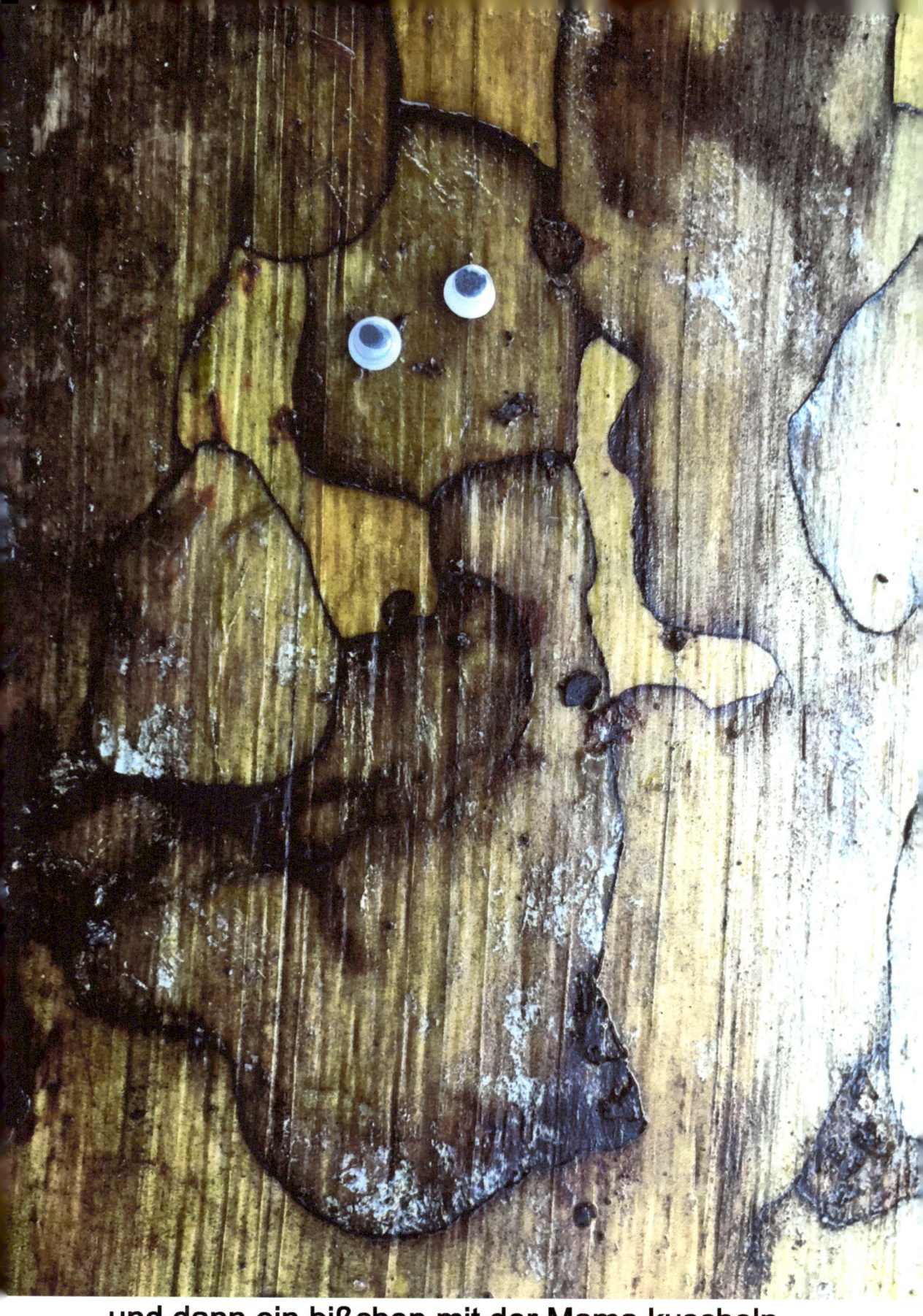

und dann ein bißchen mit der Mama kuscheln. ◉◉

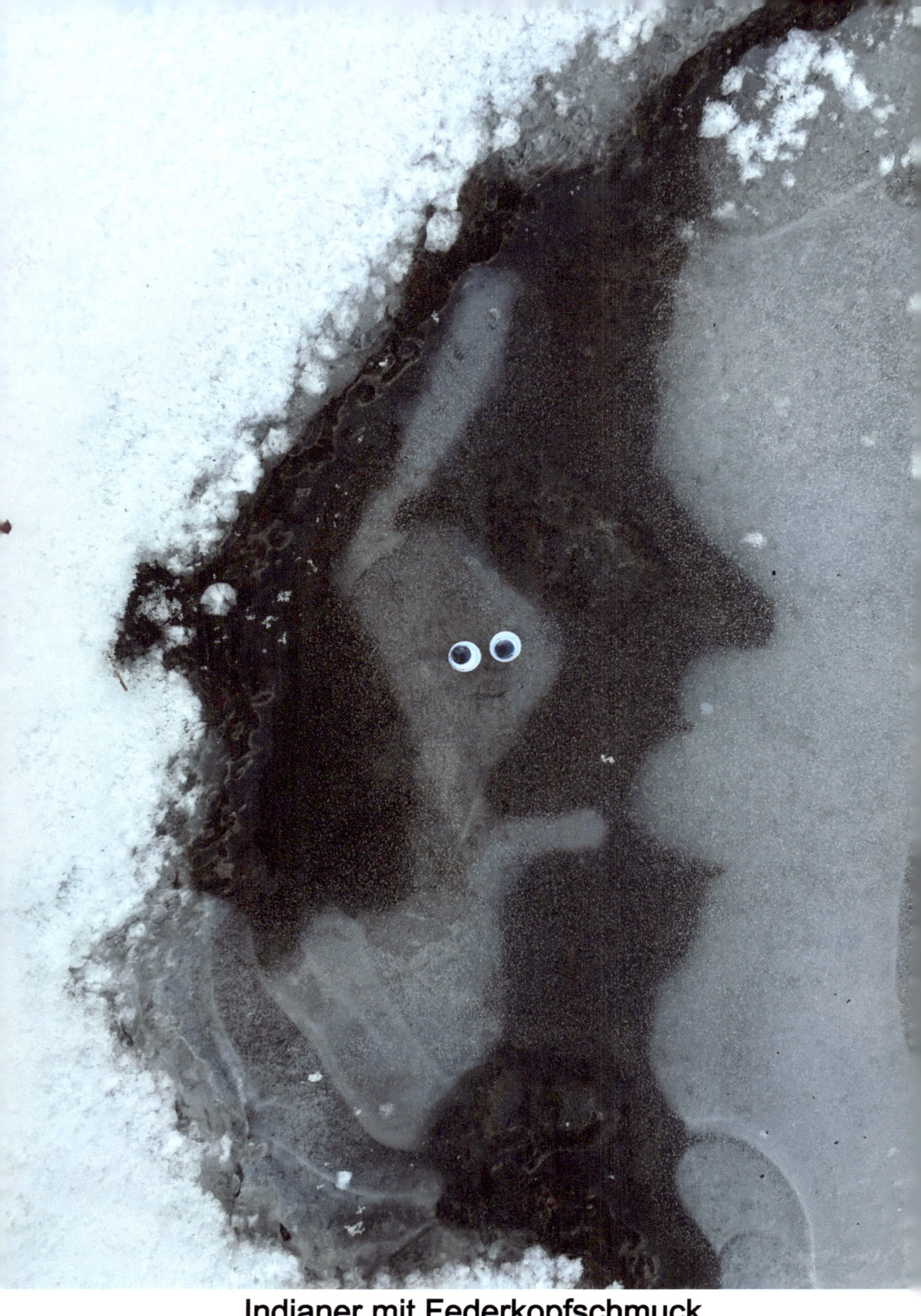

Indianer mit Federkopfschmuck

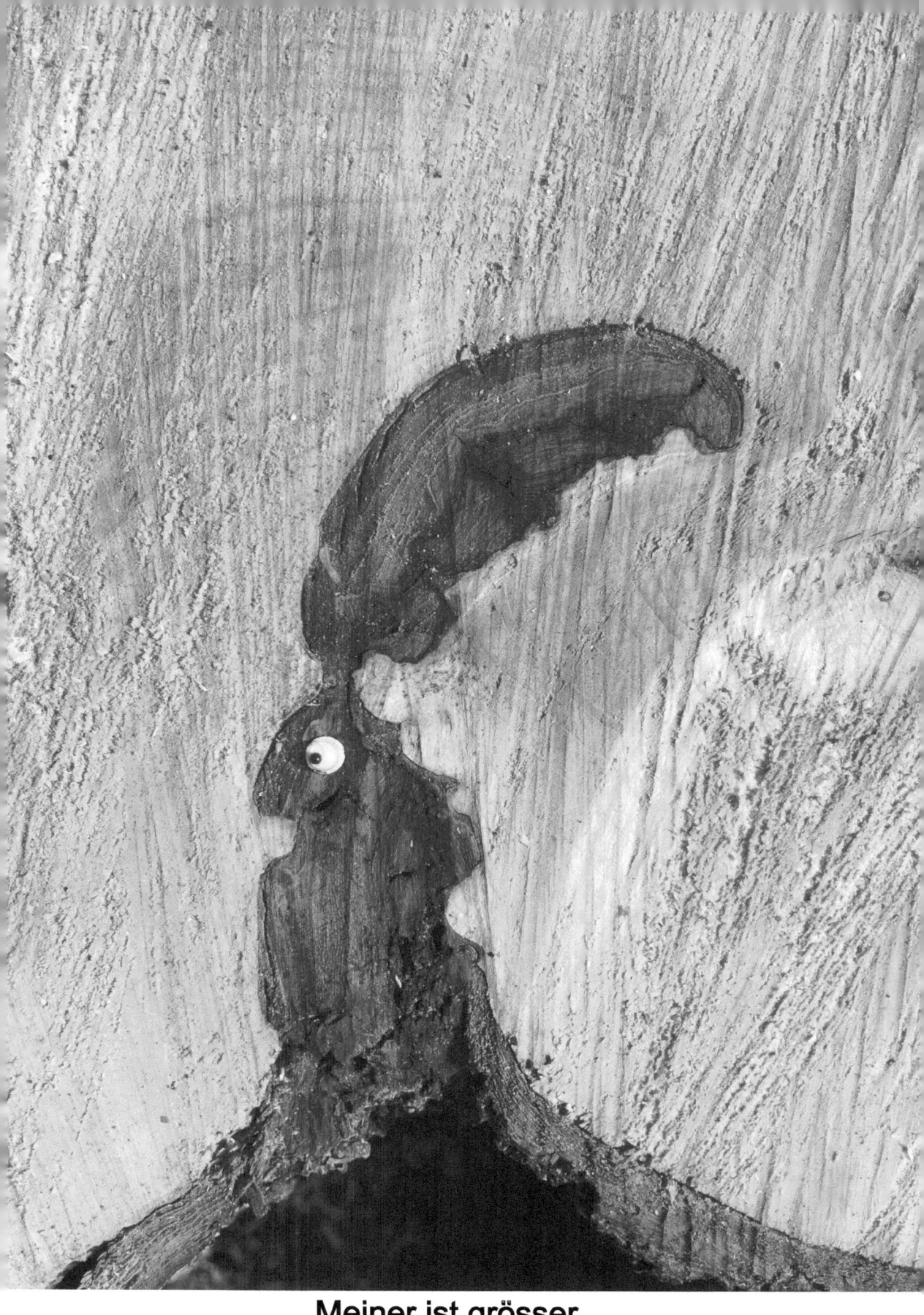

Meiner ist grösser

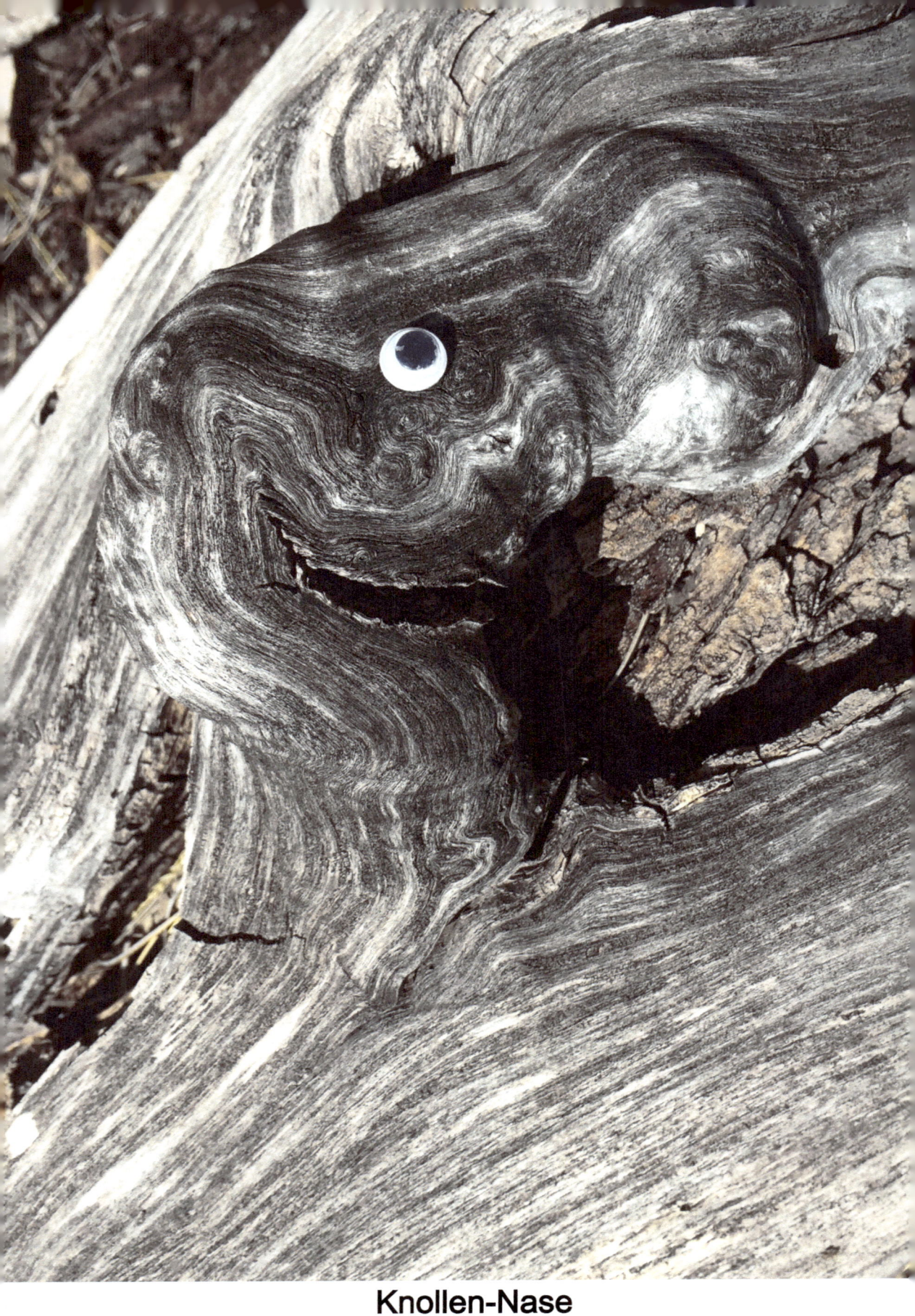

Knollen-Nase

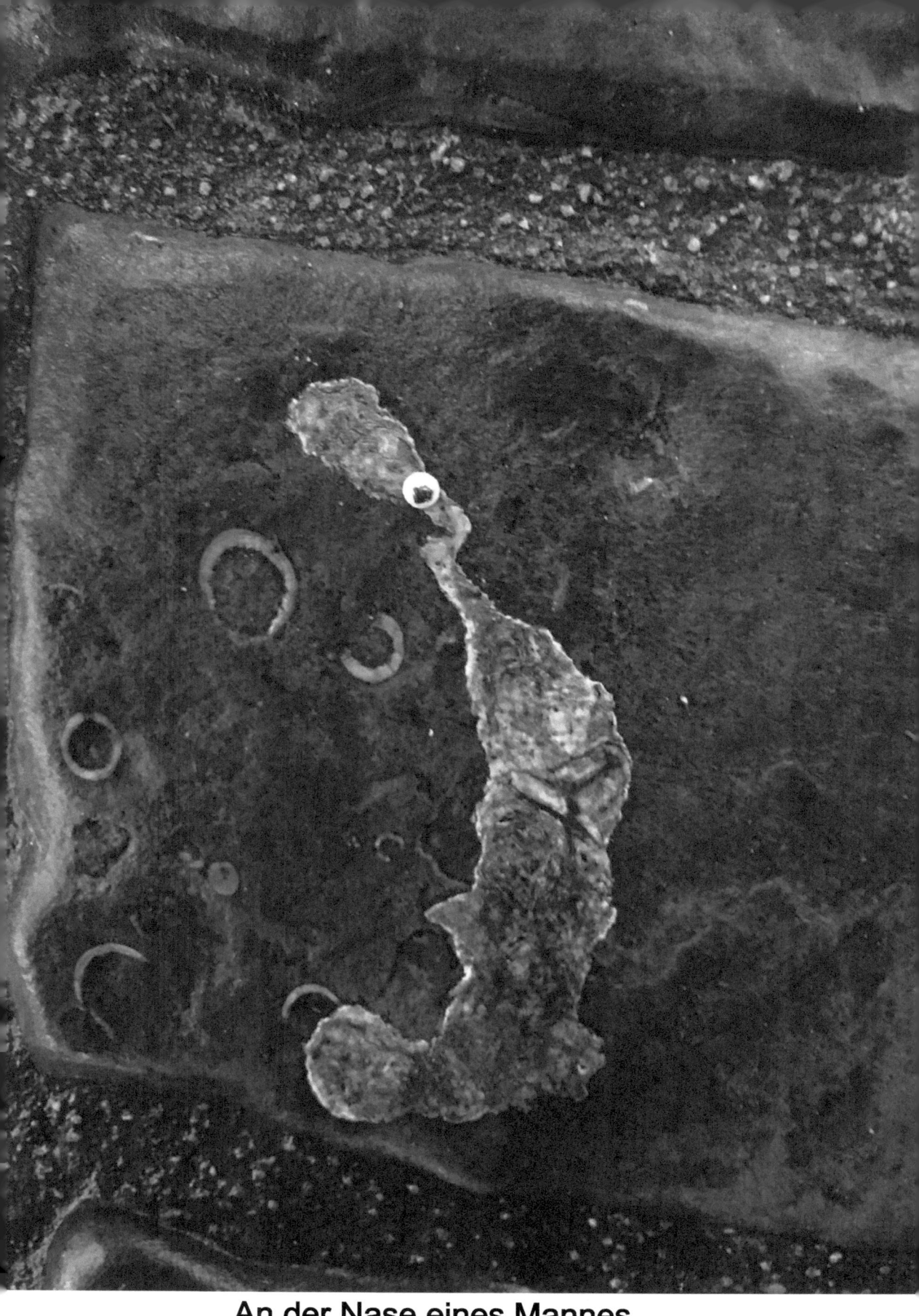

An der Nase eines Mannes...

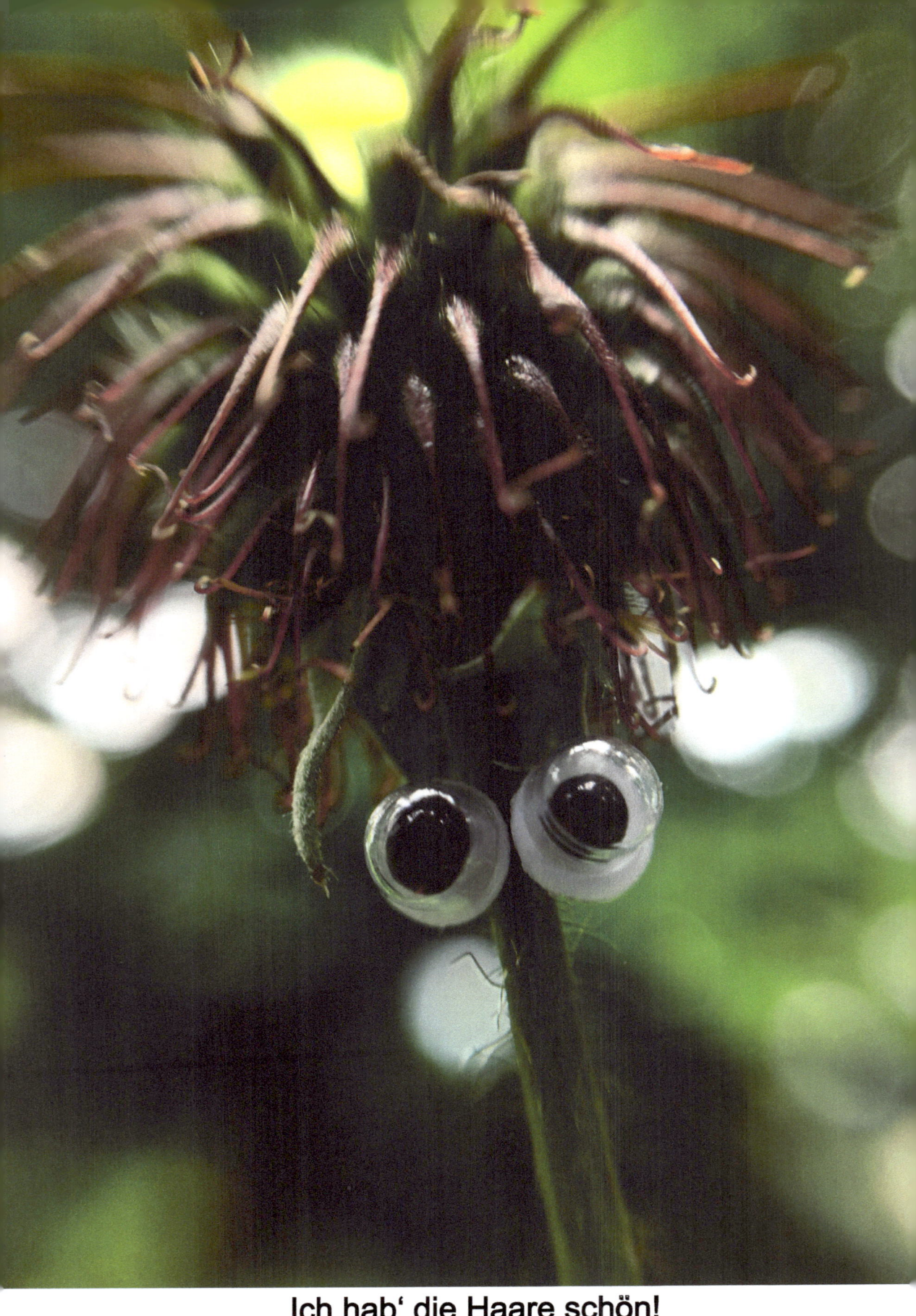

Ich hab' die Haare schön!

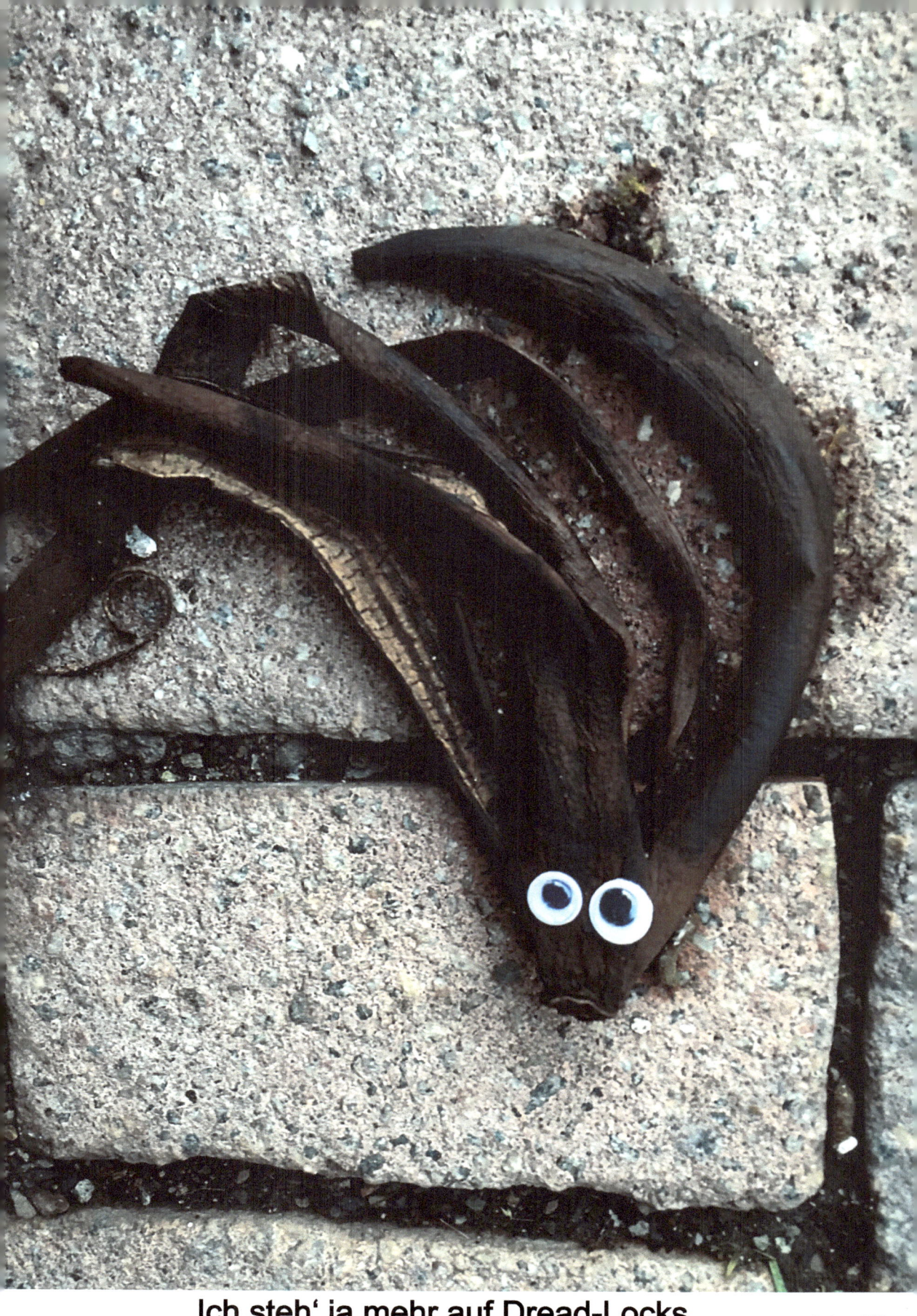

Ich steh' ja mehr auf Dread-Locks

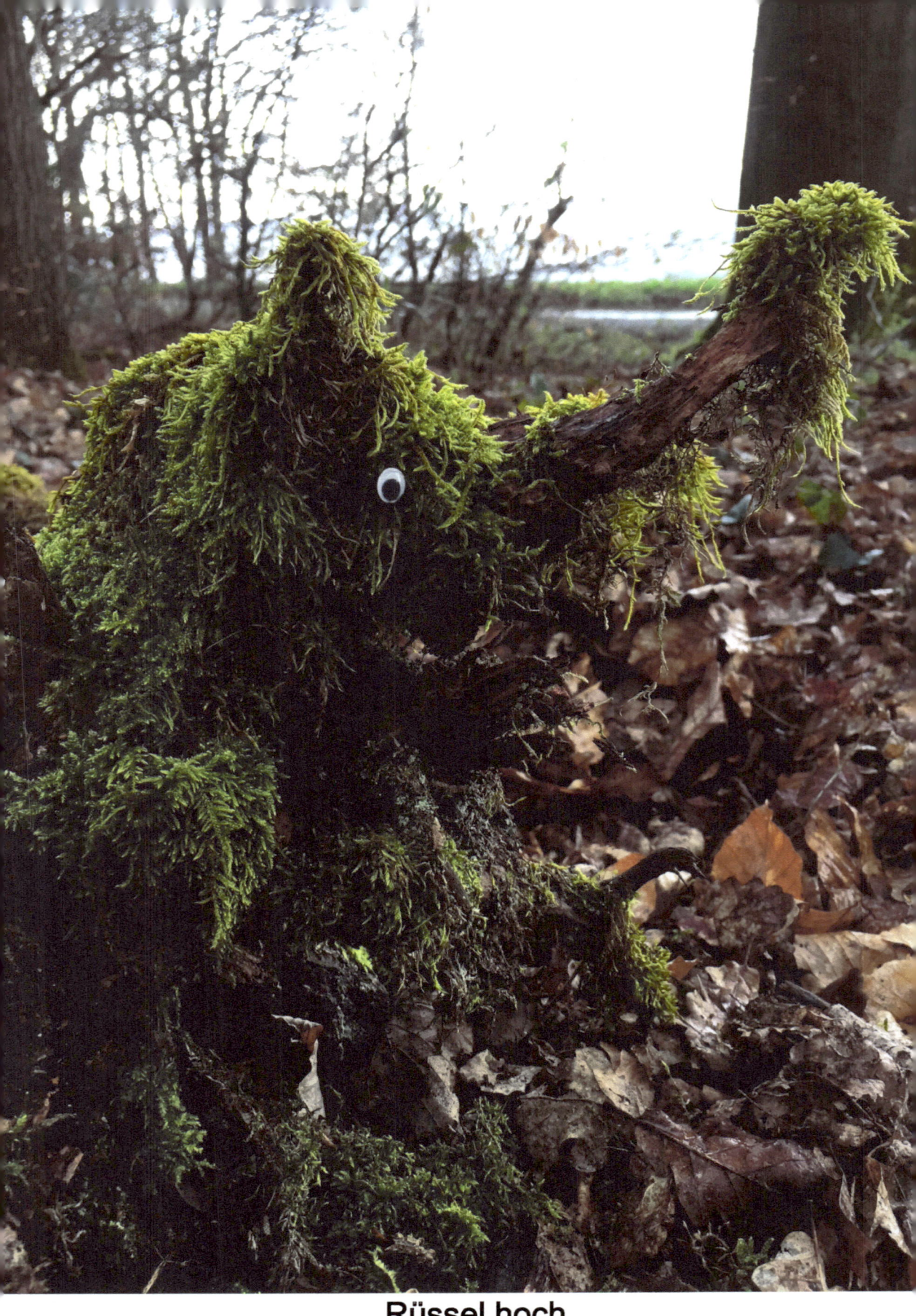

Rüssel hoch